広電と広島

25車種298両、日本一の路面電車

路面電車を考える会

交通新聞社新書 125

はじめに

ひろでん、広電、ヒロデン、広島電鉄――どんなイメージがあるだろう。

地方の交通を担う総合交通企業、よくある地方経済界の有名企業のひとつ、モータリゼーションに耐えて路面電車を残してきた変わった電鉄会社、地方都市にありながら1日あたりの利用者数がＪＲ四国とほぼ同数の路面電車、超低床電車導入やＬＲＶの取り組みで先鞭をつけた先進企業……などなど、広島に住む人・住んでいない人、日々電車に乗る人・乗らない人、評価する人・批判的な人、それぞれにさまざまなイメージが飛び交う。

そんな広島電鉄の知られざる「実は？」を、手軽な新書で皆さんのポケットに――このたび縁あって、私ども「路面電車を考える会」が筆を執ることになった。

そもそも当会は、当地、広島都市圏の公共交通を、利用者・市民の立場で総合的に、学び、議論し、提言してきた市民団体である。市民だから、いろんな経歴、専門性の主がいる。ベビーカーで電車を利用する専門性を発揮する赤ちゃんがいたこともあれば、長年大都市でサラリーマンをしてきた定年退職者、乗務員経験者がいるかと思えば、何と広島電鉄の現役役員がいたことさえある。鉄道ファンはもとより、「素人という専門性」の主張までもが跳梁跋扈する中で、とてつもなく現実的具体的な提案を引っ提げて市役所に出没したりもする。

そんなメンバーが意気込んで、蘊蓄を傾けてみたものの、地方交通政策や統計データの紹介よりも、路面電車ファン的な情報に溢れてしまっているのは、「やっぱりね」かもしれない。しかしながら、執筆にあたり、先輩たちの著書、論考、社史などに多くを負っている。ここに記して感謝する。

本書を手にして下さった皆さんの沿線めぐりのお伴になれれば、また遠方から広島を訪ねて下さるきっかけになればと、執筆者一同願っているところ。

ご乗車ありがとうございます。ドアが閉まります（次のページをお開きください！）。発車します、ご注意ください（心配なく読み進めてください！）。信号ヨシ、発車ァ！（鉄道ではない軌道には出発信号機がないので、「出発進行」ではありません。念のため――と、また蘊蓄……）

広電と広島——目　次

4号線　市内線徹底解剖……123

5号線　広電と広島・宮島……167

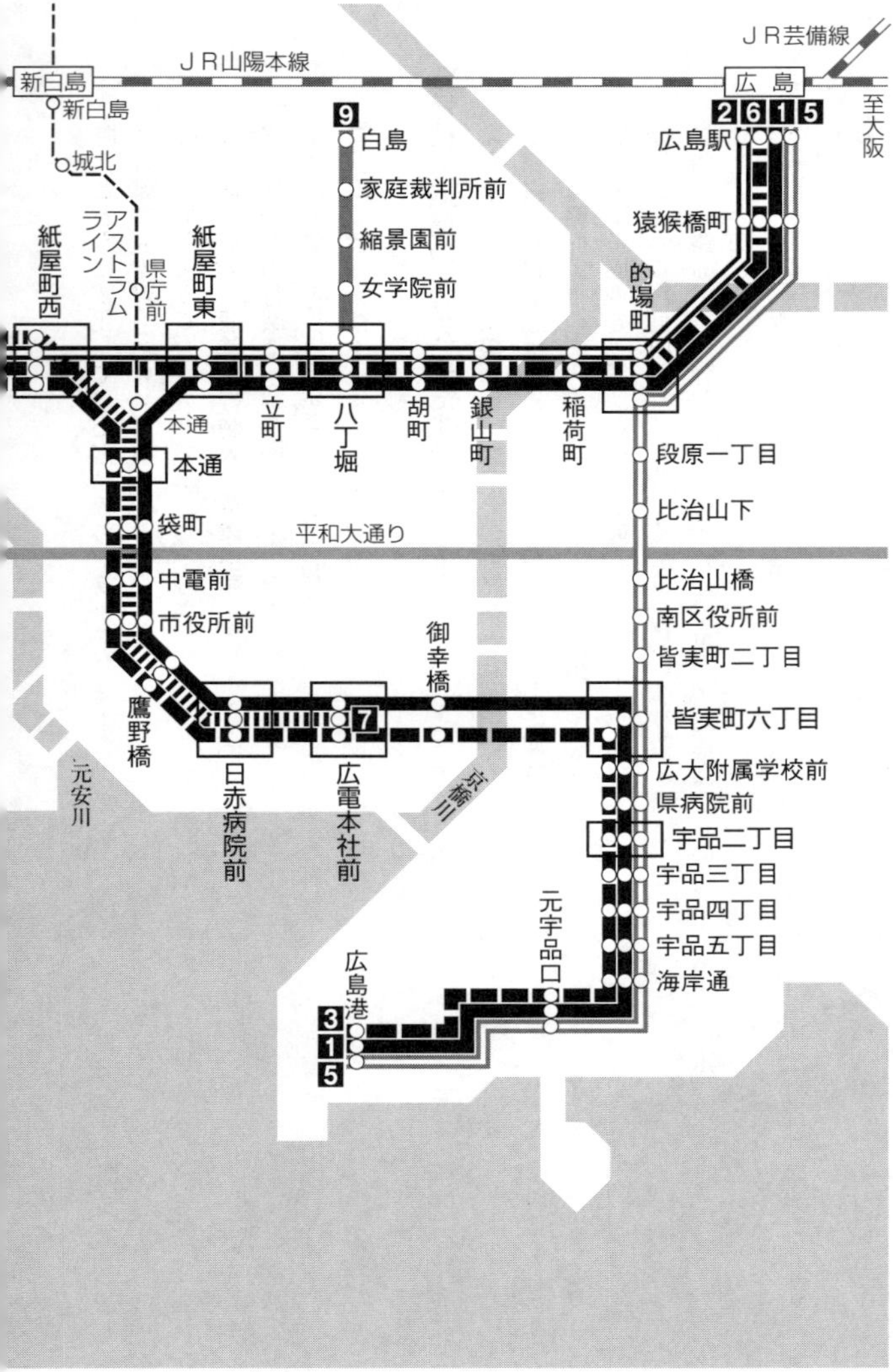
ＪＲ山陽本線
ＪＲ芸備線
新白島
広島
至大阪
新白島
城北
アストラムライン
県庁前
本通
9
白島
家庭裁判所前
縮景園前
女学院前
2 6 1 5
広島駅
猿猴橋町
的場町
紙屋町西
紙屋町東
立町
八丁堀
胡町
銀山町
稲荷町
本通
段原一丁目
比治山下
袋町
平和大通り
中電前
比治山橋
市役所前
南区役所前
皆実町二丁目
御幸橋
7
皆実町六丁目
鷹野橋
日赤病院前
広電本社前
京橋川
元安川
広大附属学校前
県病院前
宇品二丁目
宇品三丁目
宇品四丁目
宇品五丁目
元宇品口
海岸通
広島港
3
1
5

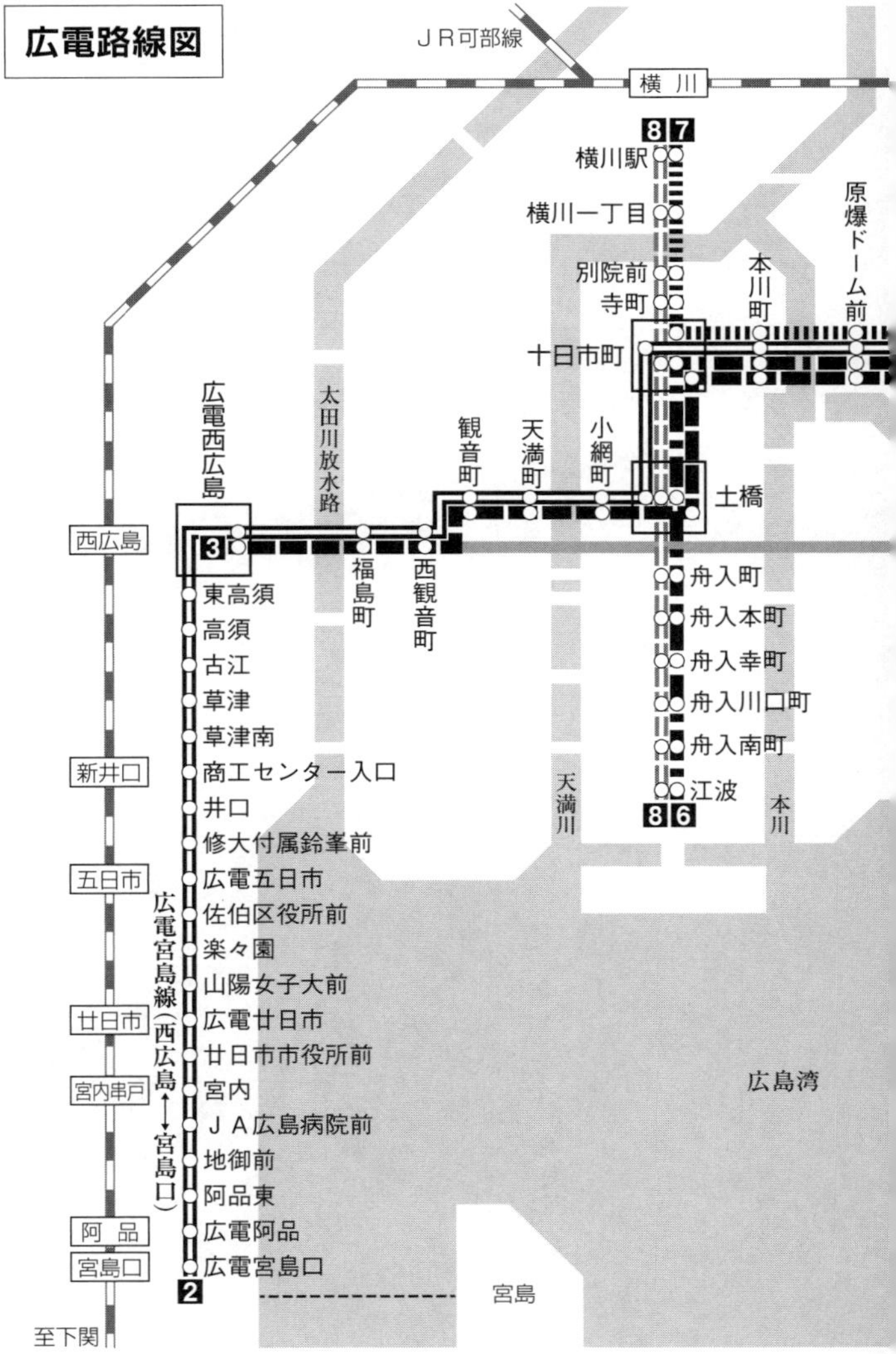
広電路線図
ＪＲ可部線
横川
横川駅
横川一丁目
別院前
寺町
十日市町
本川町
原爆ドーム前
土橋
小網町
天満町
観音町
西観音町
福島町
太田川放水路
広電西広島
西広島
東高須
高須
古江
草津
草津南
新井口
商工センター入口
井口
修大付属鈴峯前
五日市
広電五日市
佐伯区役所前
楽々園
山陽女子大前
廿日市
広電廿日市
廿日市市役所前
宮内串戸
宮内
ＪＡ広島病院前
地御前
阿品東
阿品
広電阿品
宮島口
広電宮島口
広電宮島線(西広島↔宮島口)
至下関
宮島
舟入町
舟入本町
舟入幸町
舟入川口町
舟入南町
江波
天満川
本川
広島湾
2
3
6
7
8

0号線

広島の鉄道の歴史

東海道・山陽線の歴史と広島

日本の鉄道が明治5（1872）年に新橋─横浜間で開業したことはよく知られているが、この鉄道がストレートに各地へ線路を延ばしていったわけではない。新橋─横浜間の次は、明治7（1874）年5月の大阪─神戸間。さらに京都へと延び、明治10（1877）年2月には京都─神戸間が結ばれる。そして明治13（1880）年には、京都から琵琶湖岸の大津に達した。またこの年、北海道でも手宮─札幌間が開業する。

東海道線が新橋から琵琶湖東岸の長浜に到達し、長浜─大津間の汽船連絡を挟んで新橋─神戸間が結ばれるのは明治22（1889）年4月のこと。当時は米原を通らずに関ケ原─長浜へ線路が通じていたのだ。米原─草津─膳所《ぜぜ》を通り、船に頼らず大津へ達するルートが完成するのは同年7月になってからのことだった。

これらの路線は、明治政府の事業として展開されてきたが、明治10（1877）年の西南戦争以降のインフレーション収束、財政整理のための国家予算の制約、失業状態の旧大名や武士の授産対策、殖産興業などを目的に、それまで許可されなかった民間会社による鉄道建設が認められる。

この結果、神戸から西へ向かう山陽線は、山陽鉄道株式会社により建設され、明治27

（1894）年に広島に到達し、6月10日に営業開始となる。広島から先、徳山（山口県）までは明治30（1897）年9月、馬関《ばかん》（現・下関）へは明治34（1901）年5月に達し、神戸―下関間が全通する。山陽鉄道は、列車寝台や列車食堂の導入など画期的なサービスで、瀬戸内海の海運に対抗する積極的営業を展開した。今日のJR西日本宮島フェリーは、この過程で山陽鉄道に買収された航路の後身である。

山陽鉄道の広島到達直後、日清戦争が始まった（8月1日宣戦）。広島市街南部の宇品港から兵員や武器を大陸へ輸送するため、広島駅から宇品港までの5・9㎞に軍用鉄道が仮設され、8月4日に着工し、17日後の8月20日には開通したという。この時、東京付近でも、甲武鉄道（現・中央線）が青山練兵場への軍用線を敷設し青山軍用停車場を設けたり、東北地方から宇品港へ向けてスイッチバックを避けてスムーズに軍用列車を走らせることができるよう、日本鉄道の大崎と東海道線の大井連絡所（現・大井町駅）間の支（廃止）線、神奈川（廃止）―程ケ谷（現・保土ケ谷）間の短絡線が設けられたりしている。

日清戦争と「首都」になった広島

日清戦争では、第7回帝国議会が広島市に召集されて、軍費予算などを議決。西練兵場

（現・広島市中区基町《もとまち》付近）に仮議事堂が建てられ、内閣の出張所も大手町の旅館に置かれた。また明治天皇も明治27（1894）年9月15日から翌年4月27日までの225日間、広島に滞在する。仮議事堂の遺構は何も残されていないが、明治天皇の休息所であった建物は明治42（1909）年に比治山《ひじやま》北端に移築保存されたのち原爆で倒壊し、現在は「御便殿跡」と呼ばれる礎石の残る広場になっている。

戦時における軍隊最高司令機関である大本営は、明治27年（1894）6月5日に東京の参謀本部内に開設されたが、一時皇居内に移った後9月13日に広島に。下関条約による終戦後は明治28（1895）年に京都に移り、明治29（1896）年4月1日に勅令により解散している。広島大本営が置かれたのは、広島城本丸御殿の焼け跡に建てられ第5師団司令部に使われていた建物だったが、のちに原爆で倒壊し現在は土台とかつての史跡碑だけが残っている。

下関条約に先立つ講和交渉も、その第1回は水主町《かこ》（現・加古町）にあった広島県庁で行われている。

大本営のみならず、天皇・内閣・国会が広島に揃ったわけで、広島は一時的に臨時首都の機能を持ったことになる。

「相互乗り入れ」や「上下分離」もあった明治の広島

日清戦争が終わったのち、山陽鉄道は広島以西の建設を進めるとともに、広島―宇品《うじな》間の軍用鉄道を借り受けて改修し、一般営業を開始する。明治30（1897）年5月1日開業の宇品線である。とはいうものの宇品線は太平洋戦争の終戦とその後処理まで、軍用鉄道としての役割を担い続けることになる。

さらに、軍港を擁する呉を山陽線へと結ぶ呉線は、明治36（1903）年12月27日に海《かい》田市《だいち》―呉間で開業するが、これは山陽鉄道ではなく、政府（逓信省鉄道作業局）によるものだった。山陽鉄道も広島―海田市間の線路を増設し、列車は広島―呉間を直通。明治37（1904）年12月1日、鉄道作業局は、呉線の一切を山陽鉄道に年間1万6900円で貸し渡す。同年2月から翌年8月まで日露戦争中だったこともあり、山陽鉄道に挟まれた短区間のみを管理するのを避けたのは当然といえよう。よって、明治時代すでに、「相互直通」や線路の所有者と列車の運行主体が異なる「上下分離」が、広島でみられたことになる。

日清・日露の両戦争を経て、軍事輸送に鉄道の果たす役割が明らかになったことや、一貫輸送の重要性、次々できた小鉄道の経営難などを背景に、明治39（1906）年3月31

日に鉄道国有法が制定公布され、同年12月1日付の山陽鉄道をはじめとする17の鉄道会社が政府に買収されて国有化された。これにより当時の広島付近の鉄道は、全てが国有鉄道になった。

国有化直後の明治40（1907）年の時刻改正で設定された新橋―下関間の直通急行列車の所要時間は約29時間だった。

大日本軌道広島支社・広浜《こうひん》鉄道・可部《かべ》線

大日本軌道株式会社というのは、日本各地で軽便鉄道を経営した雨宮敬次郎による会社だったが、同社は広島にも支社を置き、太田川沿いに路線を開設する。明治42（1909）年12月19日、横川―祇園間に軌間762㎜の軽便鉄道を開業する。762㎜（2フィート6インチ）は、新幹線でおなじみの（世界）標準軌間1435㎜（4フィート8・5インチ）のほぼ半分サイズの「軽便」のイメージ。明治43（1910）年11月には古市まで、12月25日には太田川橋まで、明治44（1911）年6月可部まで開通する。

こののちは、可部軌道を経て電力会社である広島電気に合併し、昭和3（1928）年、国鉄（省線）と同じ1067㎜軌間に改軌、電化。広島電気から広浜鉄道への譲渡を経て昭和11（1936）年9月1日国鉄に買収されて可部線となり、10月には可部から先、飯室《いむろ》までが非電化で開業する。広浜鉄道の名の通り、広島と島根県浜田を結ぶ陰陽連絡鉄道となるべく、太平洋戦争を挟んで三段峡まで延びたが、昭和55（1980）年の国鉄再建法により工事断念。モータリゼーションの進展により事実上、高速道路に取って代わられた形となった。ちなみに島根県側は、戦前すでに山陰線下府《しもこう》から今福までが建設されるが、レール敷設の寸前で戦争のため中断。戦後新たに浜田―石見今福間の一部トンネルなどが建設されるも、国鉄赤字対応のためまたしても放棄されてしまう。今福線とよばれるこの区間は、新旧2つの未成線がクロスしながら存在する珍しいところで、道路から見上げる山の中腹にトンネル越しの光が見えたり、山間に橋脚が連なっていたりする。

道路事情の改善により太田川中上流域からの貨物輸送が自動車に移ると、昭和58（1983）年には全線で貨物営業を廃止したほか、平成15（2003）年11月末を以て可部―三段峡間の非電化区間が廃止され、横川―可部間の電化区間だけになったが、平成29年（2017）年3月、可部から1・6kmの区間が廃線跡を用いて電化延伸された。廃止区間内には、昭和29（1954）年の延伸時に国鉄延長2万kmを達成した記念碑がある。

山陽線の広島までの電化は昭和37（1962）年だが、可部線は昭和3（1928）年に架線電圧６００ボルトで電化されているから、非電化の山陽線から分岐してポツンとあった電化区間であった（山口県内の宇部線も同様）。

　国鉄に引き継がれた車両は路面電車並の長さ11～13ｍで、ポール集電だった。昭和23（１９４８）年10月に７５０Ｖ（一般的な鉄道の１５００Ｖの１／２）に昇圧、昭和37（１９６２）年４月に１５００Ｖに昇圧されて東京や大阪で使われていた、車長17ｍのいわゆる旧型国電が使用されるようになる。

　これら電車の基地が横川駅の西側にあった横川電車区であり、現在はマンションとＪＲバスほかの駐車場になっている。山陽線寄りの障がい者施設の場所は横川駅の貨物取り扱い場だった。

広浜鉄道の電車（新製時の写真）

　井伏鱒二の小説『黒い雨』は、原爆投下時に横川駅に停車中の可部線電車内で被爆した人たちが描かれているが、この時、検査修繕のため幡生《はたぶ》工場へ送られていて難を逃れた電車が、熊本電鉄に姿をとどめている。

ハイテク気動車で起死回生を図った芸備鉄道・芸備線

広島から北東方向、三次《みよし》方面へは、大正4（1915）年4月に芸備鉄道が東広島―志《し》和地《わち》間、6月に三次（現・西三次）までを開業する。東広島は現在の東区役所裏あたりにあった駅で、山陽線広島駅に乗り入れるのは大正9（1920）年。続いて大正11（1922）年6月に鹽町《しおまち》（現・神杉）、翌年12月に備後庄原まで延伸を果たす。

他方、昭和5（1930）年には、現在の芸備線東部の路線が、伯備線の備中神代《こうじろ》から東城までを開業（三神線）するが、将来三次でこれと接続するはずの芸備鉄道はバスとの競合で経営難に陥っており、昭和4（1929）年、2両のガソリンカーを導入し、簡易停留所を設置してサービス向上を図る。当時のガソリンエンジンなので、軽量構造とはいえ鉄道車両の動力としては発展途上。運転士がクラッチを操作してギヤチェンジしながら加速するマニュアルミッションの自動車同様の機構で、現在のディーゼルカーとは比ぶべくもない非力なものだったが、フォード社製のエンジンを2基搭載した車両や、日本初のディーゼルエンジン搭載車など、十数両の気動車を所有し、日本の気動車発展史に記録される車両が活躍している。後年ディーゼルエンジンに換装されてはいるが、比較的大型の車両が1両、京都の加悦《かや》鉄道での使用後、同地で保存されている姿を見ることができる。

芸備鉄道のガソリンカー（玖村付近）。『芸備線米寿の軌跡』（菁文社刊）より

昭和５（１９３０）年には、旅客輸送を廃止していた宇品線の気動車２両を使い、20往復の旅客営業を開業するなどの努力をし、自らバス事業にも進出したが経営は好転せず、鉄道国有法による買収を請願して、昭和８（１９３３）年６月１日備後十日市（現・三次）―備後庄原間が庄原線として国有化されることになる。備後庄原以北は未だ開通していないので、庄原線は孤立した国鉄線であった。この結果、広島―庄原間には省線（鉄道省）、芸備鉄道双方の車両が乗り入れる直通運転も行われた。

備後庄原から北東へ延伸する庄原線と、東城から西へ延びる三神線が結ばれ、三神線となるのは昭和11（１９３６）年10月10日だが、翌昭和12（1937）年7月1日に芸備鉄道の広島―備後十日市間も買収され、備中神代―広島間の全線が芸備線となる。芸備鉄道が営業していた宇品線も、省線としてはこの日に開業したことになっている。三神線が備中神代から建設されているため、芸備線の起点は同駅。今でも広島発の列車は起点を目指す「上り」である。

昭和12（1937）年には木次《きすき》線が全通して、備後落合と山陰線が結ばれるが、芸備線との直通列車は昭和24（1949）年まで走らなかった。この直通列車が広島―松江間を8時間31分要した一方で、翌年に運行開始した同区間の直通急行バスは6時間半で走破。勝負は明らかだった。以後、「ちどり」「夜行ちどり」（時期により快速・準急・急行）などの列車が芸備線・木次線経由で広島と松江・米子へ走り、昭和37（1962）年～昭和43（1968）年には芸備・伯備線経由の準急「しらぎり」が広島―米子間を所要5時間で結んだ。面白いのは、広島―米子間の距離は、木次線経由242・3kmより伯備線経由244・3kmの方がわずかに長いが、線路条件が優れる伯備線の方が、当時の急行列車の所要時間では30分以上短かったことである。

ほかに、芸備線・伯備線経由で広島と岡山を結ぶ準急「たいしゃく」があった。所要5時間以上。広島―岡山間は山陽線ならSL牽引の普通列車でも4時間余だから、乗り通す人はいなかっただろうが、区間内の移動が列車に頼らざるを得なかったことがわかる。

昭和47（1972）年3月には、広島―松江間の特急バスは4時間半、昭和61（1986）年には高速道を介して3時間40分になり、芸備線は陰陽連絡の使命を失う。芸備線の急行列車は平成19（2007）年に「みよし」を最後になくなることとなる。逆に、広島市北東部の都市圏輸送の使命は拡大しており、広島―狩留家《かるが》間はシティネットワークエリアとして、非電化ながら20分ヘッドの運行が行われている。芸備鉄道のガソリンカーによるフリークエントサービスの発想が今に生きているのかもしれない。

都市鉄道になりきれなかった宇品線

広島市内にありながら、消えていったのが宇品線。先に紹介したように広島駅と宇品港を結ぶ路線として、日清戦争後、明治30（1897）年5月から山陽鉄道が借り受けて改修の上、一般営業を開始する。日露戦争後の明治39（1906）年12月1日に鉄道国有法により山陽鉄道が国有化されたので、国有鉄道としての宇品線の開業はこの日になる。その後、大正4（1915）年に軍の専用線化され一般営業を廃止。大正8（1919）年には線名も失い、山陽線の貨物支線になってしまうが、昭和5（1930）年、芸備鉄道

昭和57（1982）年、段原付近の宇品線。『ひろしま漫歩 宇品線は、いま』より。所蔵：広島市公文書館

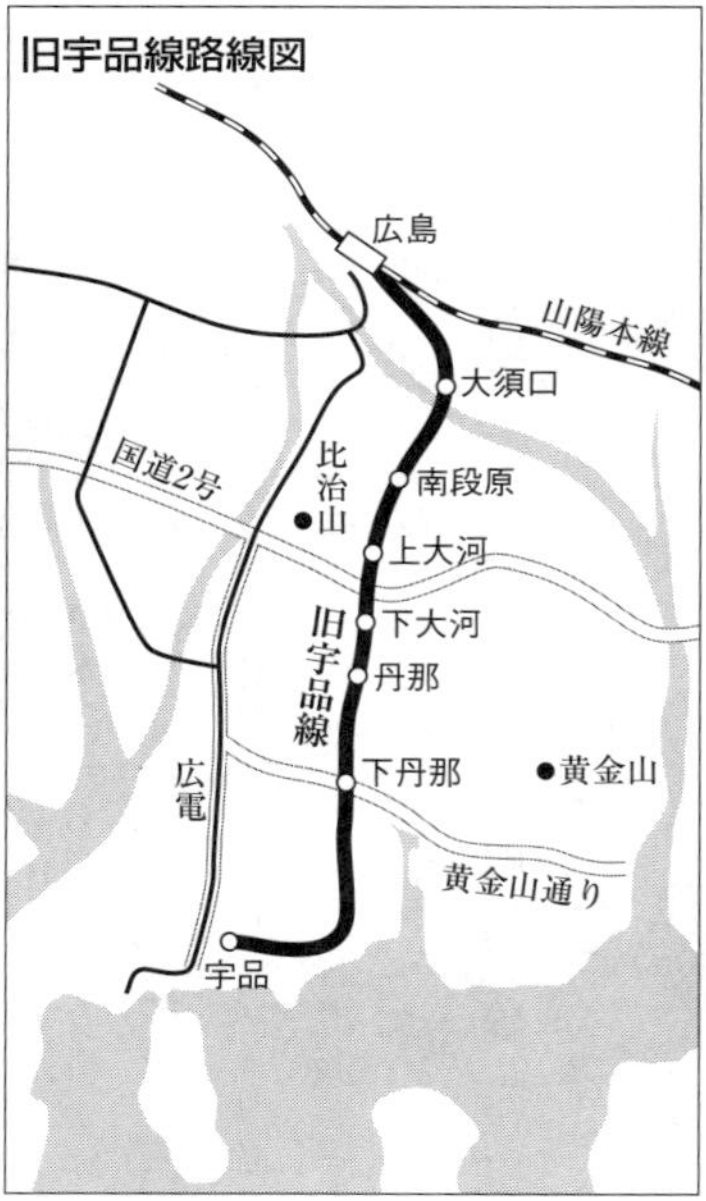

が借用して旅客営業を再開し、同鉄道の国有化により改めて宇品線が開業することとなる。

昭和10（１９３５）年、大阪、門司の両鉄道局から、中国地方と四国地方の管轄が新設の広島鉄道局に移されるが、庁舎が置かれたのは宇品であった。沿線には軍関係の施設も多く、宇品線は通勤輸送に活躍する。とはいうものの、宇品港への軍用線の性格は変わることなく、太平洋戦争中は軍用列車優先で、定期列車は運休することも珍しくなかったという。原子爆弾の被災時は比治山《ひじやま》の東側であったことから翌日夕刻には全線で運行を再開し、負傷者の輸送にあたった。戦後は復員兵や引揚者の輸送に活躍したほか、台湾や朝鮮半島へ帰還する人たちにも欠かせない路線であった。また、560mの軍用ホームは日本最長記録（新幹線の16両編成列車は400m）で、戦後は宇品港へ着いた小麦など外国からの援助物資が、このホームから宇品線を通って日本各地へ運ばれた。

沿線の軍関係施設の建物には、県庁や国家機関など庁舎が倒壊した官庁が移転してきたため、宇品線は通勤路線になった。貨車が客車代用に用いられ、薄暗い車内での不都合を避けるため、昭和23（1948）年6月から女性専用車2両が登場するが、意外に不評で半年でなくなった。昭和29（1954）年には18往復のダイヤだったが、昭和31（1956）年に県庁が基町に移転、昭和35（1960）年には国家機関が上八丁堀に整備された合同庁舎へ移転し、宇品線の利用客は激減する。このため昭和41（1966）年12月に上大河《かみおおこう》－宇品間の旅客営業を廃止するとともに、広島－上大河間も主として通学の定期客だけの営業に限定する。上大河駅は単線上にホームがあるだけで機関車の付け替えができず、列車の前後に機関車をつけた「双頭列車」が6往復していた。それも昭和47（1972）年3月末で廃止になるが、宇品港の1万tバースが完成したため東広島駅の側線扱いの貨物専用線として廃線は免れ、県経済連・日本通運・トナミ運輸・広島運輸の通運４社が運行経費を負担する特異な線路として昭和61（１９８６）年９月末まで、早朝に１往復の貨物列車が走っていた。時速25km以下でゆっくり走り、国道２号の踏切では列車が一時停止して道路の信号を赤にするなど、珍しいものがあった。

廃線後、往時を偲ばせる建物や線路などはなくなり、現在では、広島大学医学部近くに記念表示が残るのみ。沿線の風景も、段原地区の再開発によって大きく変わっており、もし存続していたならば、都市圏輸送に十分活用されていたと思われる。

日本最短の地下鉄もあるアストラムライン

近年の広島で、新たな交通網として整備されたのが、「アストラムライン」とネーミングされている新交通システム（広島高速交通株式会社広島新交通１号線）だ。

広島市北西郊の安川《やすかわ》沿いの山腹に張りつくように開発された団地群から、川沿いの道路を下り、国道54号に流入して広島市市街に向かう交通渋滞を緩和すべく、本通－長楽寺《ちょうらくじ》間に計画された軌道系交通で、昭和63（１９８８）年に特許と免許が申請されて工事が始まり、平成６（１９９４）年に広島で開かれることが決まっていたアジア競技大会の主会場

高架上を走るアストラムライン

ビッグアーチへのアクセス手段として長楽寺《ちょうらくじ》―広域公園前間が追加された経緯がある。当初は各団地からのバスを高架上で連結して市内中心部へ向かうガイドウェイバスが想定され、沿線住民にもそう説明された時期がある。結果としてＡＧＴ（Automated Guideway Transit）高架上（一部地下）をゴムタイヤ電車が走るだけの独立した路線になった。よって、路面電車はもちろん、ＪＲ線とも相互乗り入れなどの連絡可能性はない。

車内に、「（一般社団法人）日本地下鉄協会」のポスターが掲出されていることがある。アストラムラインは、新白島《しんはくしま》―本通間が地下区間だが、このうち本通―県庁前間の３００ｍが案内軌条式の「鉄道」として免許され、地下高速鉄道建設費補助金を使用していることから、「地下鉄」に分類されている。もちろん日本最短。県庁前—広域公園前間18・1㎞は案内軌条式の「軌道」で、路面電車の仲間になる。地下区間以外は道路の上の高架を走り電源は750Vだから路面ならぬ路上電車というべきだろうか？「アストラムライン」とは「明日」と「TRAM」をあわせたネーミングだが、英語の「ass」を連想すると上品でないイメージになってしまう……。

工事期間中の平成3（1991）年3月14日、上安《かみやす》—安東《やすひがし》間の高架橋建設現場で橋桁が通行止めにしていない道路上に落下する事故があり、15人死亡8人負傷。上安駅南側階段下に慰霊碑がある。平成6（1994）年8月20日全線開業。

広島市街中心部への道路混雑緩和の目的のため、団地からのバスは原則として当線の最寄り駅までとしたため、広島電鉄のバス営業所2カ所（沼田・大塚）が廃止されたが、結局のところ利用者の要望によって市街中心部へのバス便は復活している。とはいえ、沿線団地居住者の高齢化により、団地からの通勤通学輸送は減っている。

広島高速交通株式会社は、広島市51％、日本政策投資銀行10％、中国電力5％、広島銀行5％、三菱重工3％、マツダ3％、広島電鉄3％を主要株主とする第3セクター。長楽寺にある車両基地を覆う人工地盤上に広島市交通科学館が併設されていて、平成22年度から平成29年度まで広島電鉄が指定管理者だった。ここに広島電鉄の被爆電車の654号が展示保存されている。

1号線

広島電鉄の歴史

最初の開業

山陽鉄道の広島到達（明治27年）や徳山到達（明治30年）ののち、大日本軌道広島支社による可部線の前身の開業（明治42～44年）と同時期に、広島市街の交通手段としての路面電車の計画が持ち上がった。明治維新後40年も放置されていた広島城の濠の埋め立てを広島市が計画すると、そこに電車を走らせるべく、いくつかの会社が許可を求めている。中でも、大阪の大林芳五郎（ゼネコン「大林組」の創立者。当時、広島瓦斯・呉瓦斯・尾道瓦斯の設立に関与）ほかによる「広島電気軌道株式会社」と、東京の松永安左衛門（「電力の鬼」、後に9電力体制の基礎をつくる。西日本鉄道の前身「福博電気軌道」も設立）、福沢桃介（福沢諭吉の娘婿・「電力王」。名古屋鉄道の前身「愛知電気鉄道」社長も）による「広島電気鉄道株式会社」が有力なものであった。県知事の斡旋を経て、結果として軌道敷設の特許状を与えられたのは、大林らの「広島電気軌道」。社名に関しては、当初より新聞記事をはじめ正式社名ではなく「広島電鉄」「電鉄」と呼ばれて親しまれていたようだ。

第一期工事は1年4カ月を要し、大正元（1912）年11月23日に広島駅―紙屋町《かみやちょう》―御《み》幸橋《ゆきばし》西詰間および八丁堀―白島間（計6・1km）、12月8日に相生橋《あいおいばし》―己斐《こい》間（2・9km）

が開業する（電停名は当時のもの。その後の解消・廃止・移設あり。）。八丁堀―櫓下《やぐらした》（現・原爆ドーム前）間、八丁堀―白島《はくしま》間はいずれも埋立てた城濠またはそれに沿って軌道が敷設された。紙屋町―鷹野橋間は、運河であった西塔《さいとう》川の埋め立てによっており、必ずしもすでにあった道路上に軌道が敷かれたわけではないことは興味深い。橋も既設のものは全て木橋であったため、新たに電車専用に架橋しなければならなかった。

開業にあたっては、千田町《せんだまち》に火力発電所を新設し、ボイラーとＧＥ社製のタービン発電機をそれぞれ２基設置して発電し、櫓下《やぐらした》変電所へ送電の上、これもＧＥ社製の回転変流機（電動発電機）により直流６００Ｖを電車線に給電した。千田発電所の位置は燃料の石炭搬入の便のため竹屋川（平田屋川の下流）沿いに選定されたもので、ボイラー室、発電機室の建物はともに千田車庫内に現存している。

運転士をはじめとする従業員は、新聞広告による応募者２０００人から１８０人を採用し、大阪・京都・名古屋で運転研修をして開業に備えた。

車両は定員46人の２軸車50両が、車両メーカー・天野工場（現・日本車輌）で製造される。その姿は、レプリカの１０１号に見ることができる。当時の車両として斬新なのは、窓と屋根の間の幕板部にも小窓（スタンディング・ウィンドウ）があることで、立っている乗客も視界を妨げられることなく、窓外を見ることができるものであった。

車両史的には、愛知県の博物館「明治村」などに保存されている京都市電の次の世代というべく、運転台に扉はないが前面に窓ガラスがあるもの（ベスチビュール式）だった。ちなみにその次の世代は、扉付きになり、床がわずかに低くなる代わりに車内に車輪のカバーが三日月型に突出する（ちょうどバスの車内と同様）もの。仙台市電のものが保存、公開されているので、京都・広島・仙台のそれぞれ開業時の車両を比較することができる。

直流600V、直接制御（運転士のハンドル操作で600Vをオン・オフする）、ハンドブレーキ、フートゴング（足踏み式の警鐘）は、当時の標準的なメカニズムだった。なお「チンチン電車」の由来は、運転士の鳴らすチンチンというフートゴングの音で、車内で車掌の鳴らす合図の信鈴がチンチン鳴ったからではない。

延伸・合併・宮島線の開業

御幸橋の西詰に到達した軌道は、大正4（1915）年になって御幸橋を隔てた東詰から宇品までの2・5㎞が開通する。ただしこれは、現在の位置ではなく、京橋川の左岸沿いの堤防下で単線であった。実はこの位置に、呉鎮守府の工事に用いられたフランス製の軽鉄道（いわゆるトロッコ）を工事終了後に転用した軽便鉄道が存在した。軌間762㎜か610㎜だったと考えられている。路面電車どころか山陽鉄道も広島に達していない時期のことであったが、明治21（1888）年7月に開業したものの1週間足らずで蒸気機関車の爆発事故のため、あえなく廃止されている。

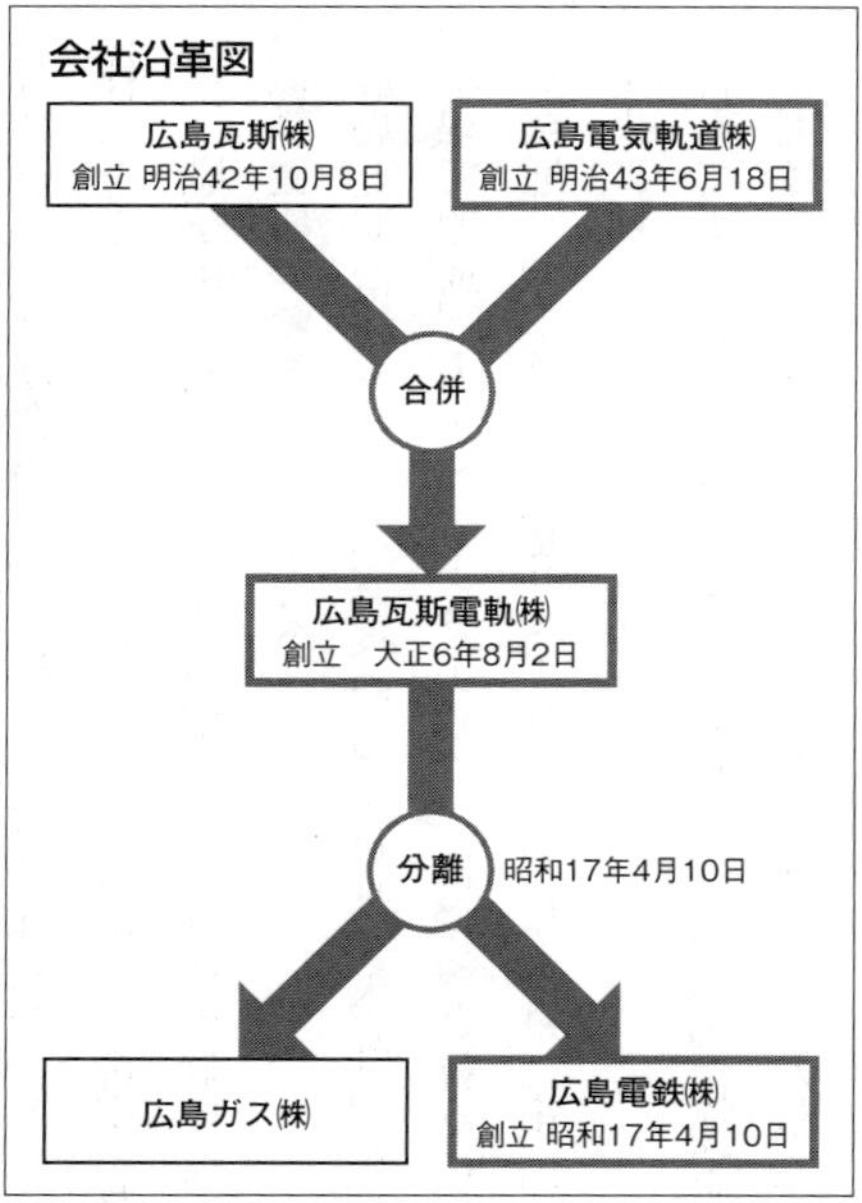

ところで大林芳五郎は、大阪電気軌道（近畿日本鉄道の前身）の生駒トンネルの事故に起因する北濱銀行の経営危機に関連して、広島瓦斯《ガス》（すでに尾道瓦斯、呉瓦斯を合併していた）や広島電気軌道などの経営から手を引くことになる。これを引き受けた藤田謙一（大日本塩業、日活、箱根土地などの社長）により、大正6（1917）年

8月2日、両社は合併して広島瓦斯電鉄株式会社となるが2カ月で広島瓦斯電軌株式会社と社名を変える。ここに「鉄道」と「軌道」を別の官庁が所轄することの影響が窺える。太平洋戦争中に両社は分離するが、両社社員の健康保険組合は分離せず、現在も「広島ガス電鉄健康保険組合」である。

広島瓦斯電軌となった直後の同年11月、本線の左官町《さかんちょう》から三篠《みささ》への横川線（1・8㎞）が単線で開通。大正8（1919）年にやっと御幸橋の軌道専用橋が完成し、宇品への軌道が全通。御幸橋は昭和6（1931）年5月に市内初の道路併用橋が完成して軌道が道路中央に移る。

続いて大正11（1922）年8月、宮島線の己斐町—草津町間（2・9㎞）を開通させる。実はこの区間は、別会社「広島軽便鉄道」の敷設権を大正8（1919）年に譲り受け、動力を電気に変更して建設したものだった。さらに宮島をめざして、大正13（1924）年4月に草津町—廿日市町《はつかいちちょう》間（7・6㎞）、翌年7月に廿日市町—地御前《じごぜん》間（2・5㎞）、さらに翌大正15（1926）年に地御前—新宮島間（1・1㎞）を開通させる。新宮島から宮島へは連絡航路を開設して、宮島（厳島）へのルートを開く。この先は海岸の埋め立てを要したため、新宮島—宮島口間（2・6㎞）の開通は昭和6（1931）

年2月のことだった。これで、山陽鉄道以来の鉄道省連絡船との連絡が可能となり、新宮島からの航路を廃止する。この時点での宮島線用の車両は20両であった。

とはいえ、全通によって利用者が増えたわけではなく、沿線から広島に通う中学合格者宅に合格祝いのタオルやハンカチを持参して通学定期の営業にまわったというエピソードも記録されているほどである。また、増収のための沿線開発として、昭和11（1936）年、五日市町（現・広島市佐伯区）海老塩浜《かいろうしおはま》の干拓地に住宅地を造成して住宅地を販売するとともに、電車で楽々行ける遊園地「楽々園」を開設。海水浴場を併設して人気を博し新名所となった。乗客誘致のため宝塚新温泉や少女歌劇などのレジャー施設を開設した箕面《みのう》有馬電気軌道（現・阪急電鉄）に倣った、当時の私鉄に流行した経営戦略であった。

市内線では、昭和7（1932）年12月に道路併用の相生橋が完成している。この橋は、原子爆弾被爆により橋桁が湾曲したまま昭和58（1983）年の掛け替えまで使われる。昭和8（1933）年から翌年にかけて、帰線電流をレールに流しダブルポールからシングルポールに変更。現在のように架線が1本になった。また、昭和10（1935）年12月、御幸橋東詰－宇品間が現在の位置に移設され複線になる。横川《よこがわ》線も、左官町－三篠間で軌道の位置に道路が新設されて複線の併用軌道となり、翌年、荒神橋が併用軌道化されている。

「メセナ」または乗客確保のための学校設置

昭和14（1939）年、創立30周年記念事業として地域貢献のため、当時広島に不足していた女子の高等教育機関を設置することとし、井口村（現・広島市西区）に昭和16（1941）年4月17日「広島商業実践女学校」を開校。制度上男子校であった（旧制）高等学校の女子版を目指し、学ぶ外国語により英語・独語・仏語の3コースが用意され、また「農業」の時間が必修であった。これは昭和22（1947）年の学校教育法体制下での（新制）高等学校にも引き継がれ、「フランス語」は選択科目として昭和60年代まで存続した。高等教育機関構想は昭和22（1947）年の鈴峯《すずがみね》女子専門学校として実現し、翌年学校教育法により鈴峯女子短期大学となった。設置運営したのは財団法人広島瓦斯電軌学園、昭和26（1951）年に新制度の学校法人となるが、役員についてその「寄附行為」（会社や法人の「定款」を学校法人では法律により「寄附行為」と呼ぶ）には、「創設者の特殊性に鑑み広島電鉄㈱、広島ガス㈱の役員中より互選し」とあり、理事長には両社の社長または社長経験者が交互に就任していた。学園は平成27（2015）年、広島修道学園に併合されて67年にわたるその歴史を終え、最古の短期大学の一つだった鈴峯女子短大も、平成29（2017）年3月に閉校した。引き継がれた高校も2019年に共学化、名称を改める計画だ。なお、古くは両校とも広島電鉄の現場と関連が強かったようで、駅と同じ柵や電車と同じ塗料を塗った傘立てを記憶している関係者がいるほか、教職員に広島電鉄のパスが支給されていた時期もあったようだ。

戦時体制と被爆

日中戦争から太平洋戦争にかけての戦時体制のもと、産業統制政策に対応すべく、昭和17（１９４２）年４月に広島電鉄を設立して交通関係事業を分離し、広島瓦斯電軌は広島瓦斯の旧名に戻る。広島電鉄に引き継がれたのは、市内電車１１５両、宮島線20両、バス75両、従業員約９００名であった。こののち、戦時対応として一部停留所の廃止、通勤時間帯の急行運転、集電装置のビューゲル化、パンタグラフ化が行われた。中でも夜間の空襲対策としてトロリースパークを防ぐため、ポールを曲げてビューゲル化するアイデアは独特のもので、昭和17年から試験を開始し昭和19（１９４４）年8月全国に先駆けて市内線の車両がビューゲル化される。戦時対応の防空対策が結果的に乗務員の省力化にも貢献したと見るべきであろうか。

昭和18（１９４３）年４月には、徴兵される男子従業員を補うべく、「広島電鉄家政女

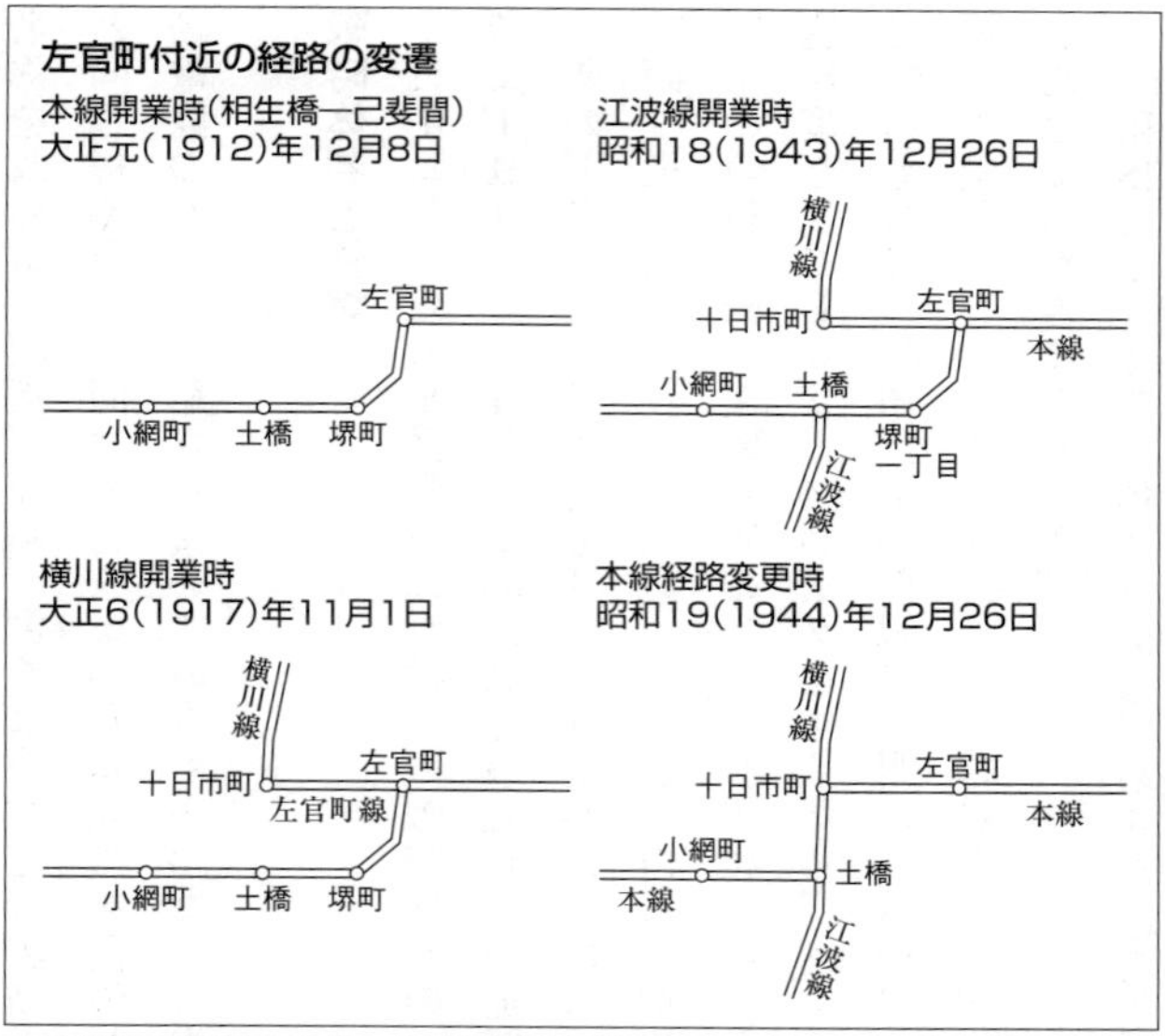

土橋付近の経路の変遷。『広島電鉄開業100年・創立70年史』（広島電鉄）より作図

学校」が開設され、その女生徒による乗務が始まった。先述の広島実践女学校とは別の学校で、翌昭和19（1944）年に皆実《みなみ》町に新校舎が造られた。

昭和19年4月、広島電鉄は、軍需工場の従業員輸送や軍都広島の交通を担う軍需会社の指定を受け、徴兵による人手不足を休廃止企業の従業員への転職命令や動員学徒で補い、また軍の管理官が常駐して指揮を執った。軍需工場の通勤輸送を目的に、前年末に開通した江波《えば》線の土橋―舟入本町間（1・0km）

を延長して舟入南町まで（1・2km）を単線で開通させたほか、皆実線的場（現・的場町）―皆実町三丁目（現・皆実町六丁目）間2・5kmを開通させている。これは宮島線の電車廿日市―電車宮島間を単線化してレールを捻出して使用したもので、ほかにも、本線の左官町―土橋間を十日市町経由の現在の位置にして堺町経由の旧線を廃止している。ほどなく昭和20（1945）年3月に江波線の舟入本町―舟入南町間の単線区間が複線化され、6月には車両を疎開させるため桜土手引き込み線0・4kmが敷設された。

この時点で、ほぼ現在の路線網が形成され、8月6日の原爆投下を迎える。

被爆と復旧

昭和20（1945）年8月6日8時15分、米軍爆撃機「エノラ・ゲイ号」による、人類初の原子爆弾「リトル・ボーイ」の投下により、爆心からほぼ2kmまでの市街は焼け野原となり、壊滅的な被害を受ける。当時、広島市の人口は疎開などにより約24万5000人にまで減っていたが、うち約13万人が死亡したとみられている。負傷しなかった人々も次第に原爆症（急性放射線症）の症状に襲われていった。

広島電鉄も、当日の勤務者950人中、185人が死亡、266人が負傷するという人

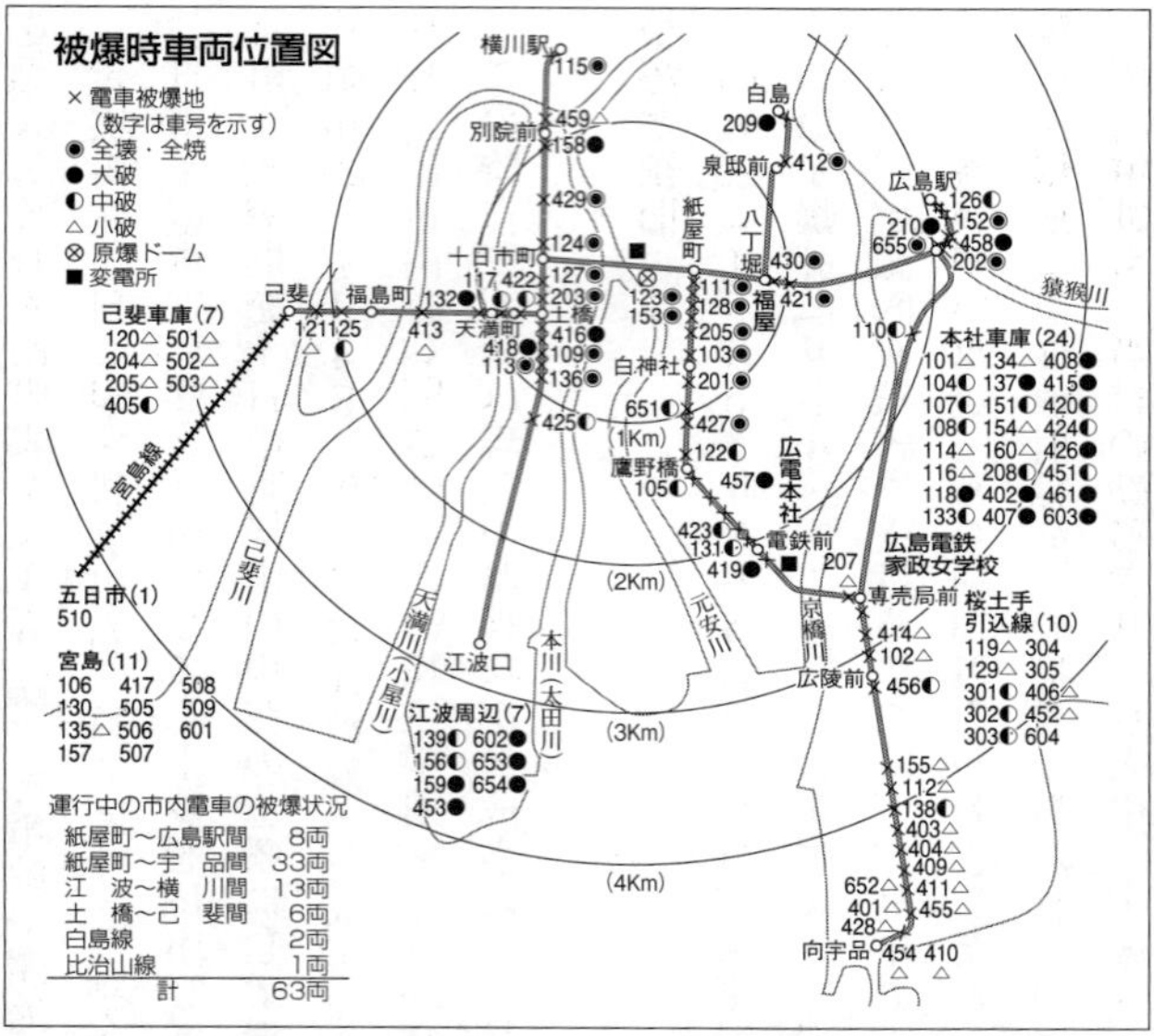

市内電車の被災状況（車両課調べ）。『広島電鉄開業100年・創立70年史』（広島電鉄）より

的被害のほか、櫓下変電所の全壊、架線柱842本中393本が倒壊、電車123両中108両が被災するなど、設備にも甚大な被害を受けた。

このような中にあって、3日後の8月9日には、宮島線からの送電を受けて、己斐―西天満町（現・天満町）間で瓦礫を除けた片側を使った単線での運転が再開された。続いて、18日に電鉄本社前（現・広電本社前）―宇品間が単線で、翌19日に西天満町から土橋、21日に十日市町と開通していき、23日に左官町まで。ほぼ1カ月後の9月7日には、己斐―八丁堀間が全通するが、使用可能な電車は数両に過ぎなかった。とはいうものの、乗客は殺到し、また焼け野原の中を走る電車の姿は、人々を力づけることになった。

復旧には、暁部隊と呼ばれた陸軍船舶部が提供した300本の帆柱が使われたほか、いわゆる玉音放送による終戦までのわずかな間は、陸軍東京通信隊から30～40人の兵士が派遣され、社員と共に小網町付近の復旧に従事したことが記録されている。ただし、架線関係の技術社員は全員が死亡または重傷を負っていて、復旧作業は他部署の職員によって担われたのである。

このような運転の再開には千田変電所の復旧が不可欠だった。瓦礫で埋まった変圧器をはじめとする機器の巻線や配電盤の細かな配線や、爆風で砕け散った無数のガラス片が突き刺さり断線した箇所の、一つ一つ修復する作業を（後に副社長を務める）石田氏と同僚の佐伯氏の二人が、日中の室温40度にも達する変電所建屋で、「腹は減るし（急性放射能症の）下痢はするし体中斑点は出てるし、いわば瀕死の者が二人で」やり遂げる。

一週間をかけて17日に終了。夕刻二人は、中国電力（当時は中国配電）の宇品変電所（宇品3丁目に建物のみ現存）へ出向き、送電を交渉する。千田変電所へ戻って試送電を待ち、またとぼとぼ歩いて翌日からの継続送電を依頼した……と石田氏は証言している。翌18日が、広電本社前―宇品間の復活だった。

この間、広島電鉄の要請に応えて、資材や人員を派遣してくれた電鉄会社があった。県内で路面電車を走らせていた呉市交通局、高知県の土佐電鉄、香川県の琴平電鉄などの職員が、トロリー線や工具を担いで、応援に来たのだった。被爆後ともに作業した軍隊関係者が終戦の15日を境に姿を消した後、他の電鉄関係者の存在は大きな力だったに相違ない。

「(高知市も) B29が80機来て空襲されたけれど、(広島市は) 原子爆弾だ。高知の比ではない。早く復興するように、おんなし電鉄会社やし、会社が違うても、おんなし路面を走るんやし、思うて行きました」と土佐電鉄の元職員の証言をNHKが記録している。

先の石田氏は語っている。「早く電車を動かしたいと、それが広島市民が楽になることだと考えながらやっていたかなと。焼け野原には、とぼとぼ歩く人たちだけで、むろんクルマもないし、自転車も焼けてしまっておるし言うような中で、レールは残っとったわけですから、車両も遠くのほうにおるのは動くんじゃないかなということで、もう、1日でも早く動かせ、これがやはり使命感になったんじゃないでしょうか。」

9月12日には紙屋町―電鉄本社前間、10月1日に八丁堀―山口町（現・銀山町《かなやま》）間、10

月11日に山口町―広島駅間が復旧して、広島駅―紙屋町―己斐、紙屋町―宇品のルートが繋がる。だが、この時点での使用可能車は未だ20両だった。同年内12月26日に十日市町―別院前間も復旧した。

年が明けた昭和21（1946）年1月7日からは紙屋町のポイントの復旧が完了して、広島駅―宇品間の直通運転が可能になる。

江波線全線の復旧は昭和22（1947）年11月1日、皆実線（的場町―皆実町三丁目（現・皆実町六丁目）間）の復旧は昭和23年（1948）年7月1日、同年12月18日横川線の別院前―横川間が復旧して全通。これら時間を要した区間では、台風による落橋や、橋、道路の新設や拡幅などが伴い、単純な瓦礫の撤去や軌道・架線の修復にとどまらない工事やそれに伴う事情が存在したためであった。

なお、白島線（八丁堀―白島間）は、全区間が新しい道路への移設を待ち、被爆7年後の昭和27（1952）年6月10日の運転開始となる。この間、昭和25（1950）年7月宮島線の電車廿日市―電車宮島間が複線に復旧、昭和26年4月宇品終点が現在の元宇品口から0.2㎞西へ延伸、7月横川終点の位置が区画整理に伴い0.1㎞短縮、昭和27年4月江波線舟入南町―江波間0.4㎞の延長があって、起終点に関しては現在の路線網になる。

車両は、被爆時に市内線123両のうち108両が被災したが、27両が廃車され、96両が車体を鋼体化して復活使用された。宮島線では、3両が市内線の千田車庫に入場中に被災したが修理ののち復帰。同線では昭和22(1947)年、京阪神急行電鉄新京阪線(現・阪急電鉄京都線)から大正時代製の木造車4両の譲渡を受ける。1050形と付番されたこの車両は昭和6(1931)年の全通以来の増備車で、昭和28(1953)年に全鋼製の車体に更新され、平成3(1991)年の高床車廃止まで走り続ける。

市内線では昭和26(1951)年に(初代)800形10両、昭和28(1953)年に500形5両、昭和30(1955)年に550形5両を新製している。

昭和29(1954)年10月、全車両のブレーキがエアブレーキになり、運転台の大きな手ブレーキハンドルをグルグル回す光景は見られなくなった。集電装置のポールは戦争中にビューゲルになっているから、ポールと手ブレーキという古典的な路面電車から脱皮したことになる。

昭和26(1951)年12月には土橋交差点のポイント転轍が自動化され、翌年2月から十日市町の信号所が使用開始されるなど、新技術の導入が進められた。ポイントの転轍は、運行系統の複雑な紙屋町を除き、全てが昭和30(1955)年中に自動化される。

　ポイント転轍の自動化は、トロリーコンタクタと呼ぶ架線に載せられたスイッチを電車の集電装置が叩くことによって行うが、これを容易にするため、電車のビューゲルやパンタグラフを台車の真上の位置から車体中央に移す改造が行われた。これでイメージが変わった車両もあったことだろう。気づきにくい些細なことだが、昭和31（1956）年末で33両が完了する。

　被爆からの復旧が一段落した後も、都市計画道路の拡幅による軌道の移設が昭和30年代を通じて続く。稲荷町《いなりまち》―相生橋―十日市町間、紙屋町―鷹野橋間は、道路を40mに拡幅した中央に路面電車の軌道が走り、片側3車線の車道と歩道に整備されたため、道路沿いの建物との関係で軌道の位置が大きく変わった。

福屋八丁堀本店前の向きが変わっている様子

　道路の拡幅と軌道の中央移設は、相生橋―稲荷町橋の間でも行われた。八丁堀の福屋百貨店のビルの歩道との境をよく見ると、道路と平行ではなくわずかに向きが違っているのは、拡幅の際に道路の向きが変わってしまったことの名残。かつての軌道と道路はビルと平行だったのだ。

道路の拡幅で直線化された区間がある反面、逆に拡幅により曲線が生じた場所もある。鷹野橋―御幸橋間は直線だったが、現・日赤病院前の南西側にあった広島貯金局の建物を避けるために北側に拡幅し、さらに南では広電本社の建物を避けるため南に拡幅したため、日赤病院前の南で右に曲がり、広電本社前付近で左に曲がる形になっている。

太田川放水路・新己斐橋・鉄軌道直通運転

軌道移設のうちで最大のものは、太田川の改修工事（太田川放水路の開削）に伴うものだろう。土橋から己斐終点まで一直線であった軌道が、観音町―己斐間で南に移設され、2カ所で直角に曲がる現在のルートになったもので、宮島線との接続点である己斐終点の様子が昭和39（１９６４）年9月から一変した。3カ月前の6月には、ひろでん会館と呼ばれるターミナルビルが商業施設を伴ってオープンしている。

昭和33（１９５８）年4月から、鉄道宮島線と軌道市内線を直通する営業運転が団体輸

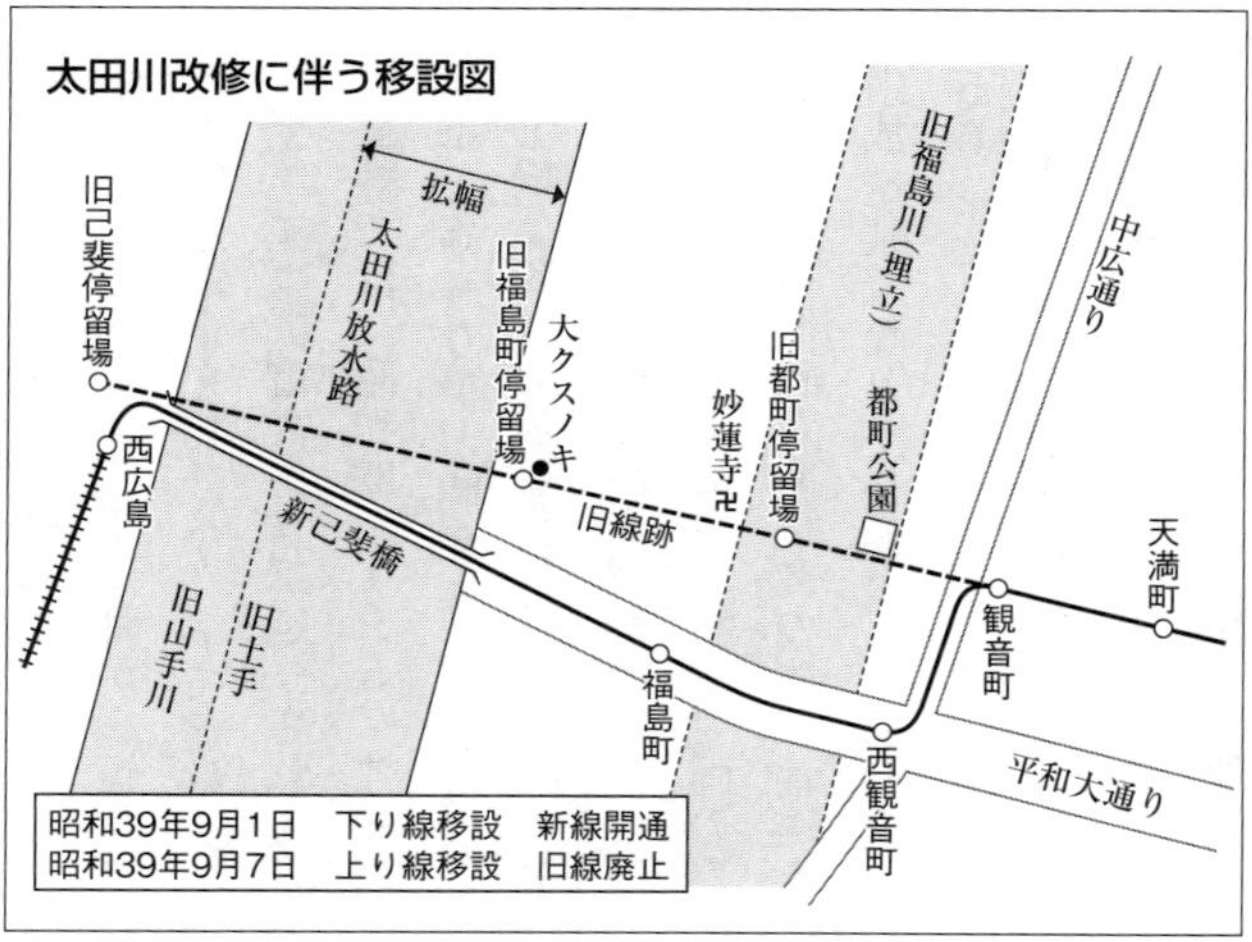

送に限って開始される。続いて6月20日から、朝のラッシュ時に草津から市内線への直通電車が3本運転され、また夏休みの海水浴臨時輸送でも直通運転された。この直通にあたっては、高いホームを要する鉄道線の高床電車にステップを設けて市内線に直通させる方法（実際に福井鉄道で近年まで行われていた）も検討されたようだが、宮島線各駅に低いホームを設ける方法で実現した。この方式は昭和31（1956）年、茨城交通で路面電車の水浜線電車が上水戸―大学前間で鉄道の茨城線を電化した上で乗り入れ、国鉄駅前・市街地・郊外住宅地の学校群間の輸送を担った先例（両線とも現在廃線）があるが、広島電鉄がお手本に

したかどうかは不明である。

昭和37（1962）年1月から恒常ダイヤによる広電廿日市から広島駅または宇品二丁目への直通電車を15分ヘッドで運転（その間に鉄道用高床車による西広島止まりを運転）し、翌年には広電宮島まで延長され1日44便が運転されるようになる。

宮島線では、昭和32（1957）年に、モーター駆動方式を平行カルダン方式にした新性能車1060形が昭和5（1930）年の1030形以来の新車として新製された。500形以降の路面電車と同じく前・中2カ所の扉配置（現在のワンマンバスの扉位置と同じ）で、左右側面が点対称の車体で運転台左側だけ乗務員扉付き、車体幅も広くステップのない軽快な電車だったが、一両のみに終わった。

翌年、広島復興大博覧会の観客輸送を機に850形3両が新製される。電気ブレーキや車内放送装置などが装備され、前記の直通運転に用いられた。昭和46（1971）年に350形に改番され、今も市内線で走っている。これをもとに2000形が昭和35（1960）年に3両造られるが、さらに追加の6両は車両メーカー（日本車輌）の図面と部品提供により自社（千田）工場で製作された。昭和49（1974）年に2両ずつ貫通幌で連結され、全長24・28mの長躯に電空ブレーキの音を宮島線・市内線に響かせて活躍した。1両残された2001号は、長く朝の宇品二丁目行き直通運用に充てられていたが、営業を退き車籍も失って、荒手車庫の構内作業車となった。

続く増備車は、2車体連接の2500形として登場。これも自社製を含めて5編成10両が造られた。2500形も昭和60・61（1985・86）年に三連接化されて3100形となっている。2000形、2500形は台車の枕バネに鋼棒の捻り剛性を利用したトーションバーを用いているのが特徴で、スポーツカーのサスペンションでおなじみの技術だが、鉄道・軌道ではほとんど例がない方式であった。

昭和41（1966）年に2500形2511号以降の4両2編成が増備されるが、これは新車ではなく、大阪市電の1601形の車体と台車を流用したもので、市内線750形とよく似た車体に直通色を纏って宮島線を快走した。

これら直通電車は、前面屋根上の左右に橙色の直通表示灯を装備し、これを点灯して乗客や地上職員に低床ホームへの停車を案内したが、近年は使用されなくなった。

直通車に対して、不足した鉄道線専用車の増備が、昭和42（1967）年の1070形8両4編成だが、これは京阪神急行電鉄（現・阪急電鉄）の500形を譲り受けたもので、2両編成にすると30・2mの長さになった。2扉の電車を2両連結にした上で、3扉として運用するため、2両目の扉を中央1カ所のみに改造したが、2両編成で左右点対称なので、一方の側面は2扉、他の側面は扉が一つしかないという、食堂車や事業用車などの特殊車両を除けば他に例のない、多分世界でも珍しい扉配置の鉄道車両となっていた。一つしかない扉の後部が車掌台で、車掌は窓上のスイッチでドアを開閉した。重厚な鉄道車両然としていながら、路面電車同様の車掌台という、違和感溢れる車両であった。阪急からは、昭和52（1977）年に210形2両1編成を購入し、1080形としたが、この時は最前部の扉を運転台直後に移設しただけで、2扉車両の2両連結、すなわち片側4扉で使われた。

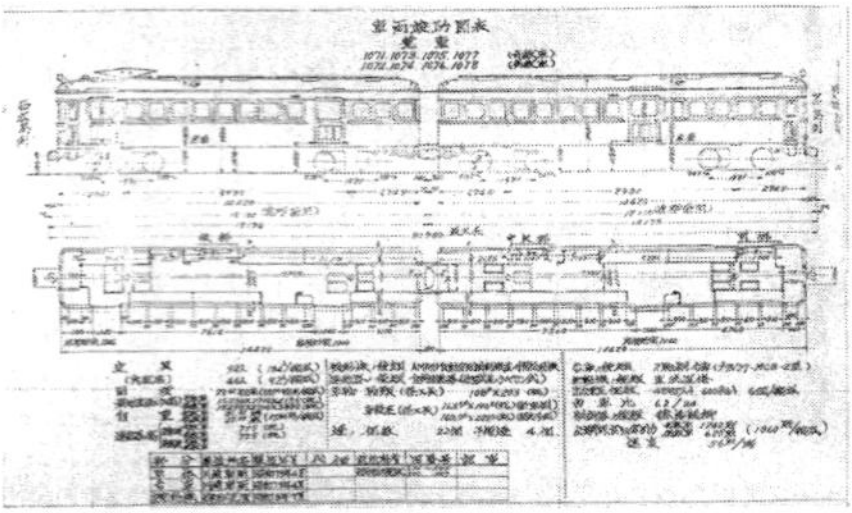
1070形の図面

2000形を2両連結にした際も、編成中の扉は片側4カ所になったわけだが、この時は2両目の前部（元運転台）の扉は締切とし、車内のステップは鉄板で塞いで、3扉として運用した。最前部の扉を運転士が、残る2カ所の扉を車掌が担当したのである。当時すでに東急玉川線では、「連結2人乗り」と称して、運転士・車掌の2人で4カ所の扉を扱っていたことを思うとかなり不合理な方法に見えるが、止むを得ない労務事情が窺える。4扉の1080形が使われるようになると、2000形の扉も復活して、出入口を区別して「連結2人乗り」状態で運用されるようになる。

先の1050形も昭和54（1979）年と同57（1982）年に2両連結になって1090形と改番され、昭和59（1984）年には冷房化される。

市内線では、550形のあと、廃止が進んでいた各地の路面電車の車両を譲り受けることで増備が行われた。昭和40（1965）〜43（1968）年にかけて大阪市電から昭和4・5・25年製電車の譲渡を受けて750形22両としたのをはじめ、900形（昭和32年製）14両が入線する。この900形によって、昭和44（1969）年に白島線がワンマン化される。続いて昭和46（1971）年に神戸市電が全廃されると、570形17両、1100形5両、1150形7両が移籍し、残っていた二軸車が引退するとともに、同年12月に5号線、8号線が、昭和48（1973）年2月に6号線がワンマン化される。

市内線ワンマン化と電車優先信号

市内線の車掌は昭和32（1957）年に女子を本格採用し、また事務系職員が朝のラッシュ時に車掌乗務したりして人員確保に努めたが、ワンマン化で乗務員50人が削減できたと記録されている。

残る系統のワンマン化は、2号線が昭和48（1973）年8月、3号線が昭和50（1975）年1月、1号線が昭和51（1976）年3月と、実現までに時間を要したが、市街中心部への基幹系統だけに、混雑対応をめぐって労使それぞれの立場での懸念があったことが窺える。これら3系統とも、ワンマン化後も朝のラッシュ時には車掌が乗務した。車掌には、当時、市内千田町にあった広島大学の学生などが、パートタイムのアルバイターとして乗務。鉄軌道のアルバイト乗務員は、長崎電軌の「ジーパン車掌」と並んで珍しがられた。

昭和38（1963）年6月、広島県公安委員会は広島市内の道路について「諸車軌道乗入可」を決定し、増えつつあった自動車が路面電車の運行に支障をきたし始めていた。この状態は、昭和46（1971）年12月の再度の「諸車乗入禁止」まで続く。この方針転換は、県警がヨーロッパ視察をするなど研究し、道路の渋滞緩和や排ガス対策に有効であるとの判断をしたことによるものだった。以降、電車軌道と車道の区画線を引いたり、交差点内を停車禁止ゾーンに指定したり、交差点内の軌道敷石を止めて道路舗装と一体化した連続ブロック化するなど、路面電車と自動車の共存のための整備が進められた。

中でも画期的だったのは、昭和49（1974）年3月、海岸通―向宇品《むこううじな》間の交通信号が電車優先に設定されたことである。電車の接近により青信号が延長されるシステムで、これは全国初の試みであった。翌年には皆実町六丁目―宇品間に拡大され、タクシーと軌道敷内を共用するこの区間で、電車の所要時間が短縮された。なお、この区間と白島線は、平成13（2001）年に、一部許されていた自動車の乗り入れが全面禁止され、市内全線で路面電車の走行環境が確保された。

乗客サービスの近代化さまざま

乗客サービスの面では、昭和33（1958）年から、現在と同じ系統番号の表示が始まる。ただし、7号線は現在と異なり、横川駅―紙屋町―広島駅間だった。この系統は昭和46（1971）年5月に廃止された後、32年後の平成15（2003）年になって、横川駅―紙屋町―広電本社前間に運転区間を改めて復活した。復活後、横川ではJR山陽線や可部線からの乗換客が駆け足で乗場へ向かう姿や、電車を待つ長い列が見られるようになっている。

同じ昭和33年、社名の略称が「電鉄」から「広電」に改められる。沿線住民から「電鉄」と呼ばれて親しまれる鉄道会社は各地にあり、これらとの混同を避けたともいわれる。平和公園などの観光スポットでは、各地の「電鉄」バスが集う姿が見られたし、昭和35（1960）年7月には、島根県の一畑電鉄（当時の正式名は一畑電気鉄道）と広島―松江間の長距離バスの共同運行が始まっていた。

略称の変更にともない、「電鉄本社前」は「広電本社前」に改められた。宮島線では、昭和6（1931）年以来「電車××」だった五日市、廿日市、宮島の各駅も、昭和36（1961）年6月に「広電××」に改められる。宮島線の起点「己斐町」は昭和6年から「西広島」に改められていたが、昭和44（1969）年10月1日に「広電西広島」となる。同じ日に隣接の国鉄山陽本線の「己斐」が「西広島」に改称されている。平成13（2001）年には、宮島線ターミナルのリニューアルに合わせて市内線の己斐も「広電西広島（己斐）」になり、町名やバス停名は別にして、鉄軌道にとって「己斐」は風前の灯である。

廃止されて久しいので忘れられているのは、終電車の赤灯と青灯。昭和42（1967）年11月に、終電表示灯（最終便の方向幕に赤灯、一便前に青灯を表示）を廃止した。東京都電や都営バスほか、方向幕をLED化した現在でも行われている例はあるが、広島では50年前に見られなくなってしまったサービスだ。

さまざまな近代化も奏功して、昭和46年度には5年ぶりに営業利益を計上し、昭和60年度には4億円超、平成3年度には10億円超の利益を記録している。

新世代の車両へ

各地の中古車の導入は、昭和51年（1976）年、西日本鉄道から1300形2両連接車2編成導入から始まった。昭和52（1977）年、西鉄北九州軌道線から600形3両、昭和52年（1977）年、京都市電から2両購入、翌年には13両の計15両と続き、車両の大型化が進むが、これら車両は昭和初期から昭和30年代までの車両であったし、自社発注車も実質的には昭和30年代までだった。このことは、広島電鉄にとどまらず全国的に路面電車技術の発展が停滞したということでもある。そこで日本鉄道技術協会の開発委員会は、その技術をもとに、2両の実験車両を製作し、「軽快電車」と名付けて広島電鉄と長崎電軌で試験を重ねる。昭和55（1980）年登場の3500形だ。翌年に購入されて広島電鉄の所有になり、「ぐりーんらいなー」の愛称をつけて、宮島線・市内線の直通に加わった。

「軽快電車」の成果は、車体のデザインをも含め各地の路面電車に波及するが、広島でも昭和57（１９８２）年、５５０形以来27年ぶりの新車として７００形が登場。廃車のモーターを再用した吊掛式駆動、抵抗制御の電車だったが、翌年登場の８００形ではチョッパ制御、シェブロンゴムを枕バネに用いた台車など、一気に進歩していく。

一風変わった車両としては、昭和56（１９８１）年、旧西ドイツのドルトムント市電の連接車70形２編成を輸入。昭和59（１９８４）年には広島県の観光キャンペーンに協賛して創業時の１００形を再現。また、昭和63（１９８８）年、広島市が旧西ドイツのハノーバー市に姉妹都市提携５周年を記念して贈った茶室の返礼として平成元（１９８９）年広島市へ博物館展示品だった１９２８年製の戦災二軸車が届き、平成２（１９９０）年から２００形として運行開始した。これら車両の運行までには、現在の安全基準等に準拠させるための試行錯誤のエピソードが溢れているが、グリーンムーバーの導入をはじめ、その後の発展に繋がる伏線だったといえるであろう。なお、２００形によるイベント運行クリスマス電車は風物詩となっている。

７００形に対する宮島線直通車として３７００形を昭和60（１９８５）年から昭和62（１９８７）年に５編成購入。昭和62（１９８７）年にはＶＶＶＦ制御の３８００形、平成２（１９９０）年の３９００形と３車体連接車の増備が続いた。これらの新車は３５００形以来、直通色をやめてグリーンを用いたデザインになるとともに、車体ごとにつけられていた番号をやめ、西鉄方式に倣って同一編成同一番号とした。車体はアルファベットで区別し、３９０１Ａ＋３９０１Ｃ＋３９０１Ｂなどと付番する方法になった。

　そして、ドイツのシーメンス社の超低床車コンビーノシリーズの５０００形を迎えることになる。国庫補助条件との関連で期限に間に合わすべく、第１号編成５００１号は、ドイツから広島へロシアの大型貨物機アントノフにより空輸されて話題になった。

　５０００形はその車体デザインのみならず、わが国と異なるヨーロッパの風土や技術に気づかされる点が多々あった。創業時の１００形にもあったに相違いないフートゴングが、電子音化されながらも装備されていて、カンカンと警音を鳴らすことができるのは、トランジットモールで歩行者の中を走るヨーロッパの街を思わせたし、薄暗く感じる車内照明は、黒くない瞳の人が多いヨーロッパの街では当たり前の調光であることにも気づかされた（のちの増備車では明るく改善されている）。

　しかしながら、輸入車であることの不都合は避けられず国産化の途が探られ、「超低床ＬＲＶ台車技術研究組合」と車両メーカー等による「U^3プロジェクト」により、平成17

（2005）年に5100形が登場し、平成25（2013）年から市内線用短縮形1000形が増備されつつある。今後国内の他都市の路面電車にも仲間が増えることだろう。

さらなる発展

先に触れた平成13（2001）年の広電西広島駅リニューアルに続き、同年中に紙屋町地下街「シャレオ」完成によって紙屋町交差点の横断歩道が全廃された。路面電車の安全地帯から階段で地下街へ降りるスタイルになったが、道路中央のスペースでもありエレベータ等は設備できず、東または西の端に地平の横断歩道が残されている。同年11月から、紙屋町電停は「紙屋町東」と「紙屋町西」に区別された。ここは、スクランブル交差点化して、バスも含めて相互の乗換可能な交通結節点にする方法もあり得たのではないだろうか。

平成15（2003）年3月、宇品港の旅客船ターミナルが移設新築され電車の終点も0.2㎞西に移動。同月、横川駅終点が横川駅前広場の改修により、三篠から短縮した名残であった国道上から、駅前広場内のJR改札口前に移設される。市有地・国有地・JR用地にまたがる整備事業で、広島市と商店街組合による地域振興事業として、明治38（1905）年（明治36年との説があるが、のちの考察で否定されている）に日本最初の国産乗合バスが横川―可部間を営業したことをテーマにして、電停を覆う屋根、JR駅舎、手作りで復元した当時の古典バスの展示収蔵庫が共通のレトロなデザインで設計されたほか、商店街振興のイベントが数年にわたって展開された。

横川―可部間バス開業式当日の様子。（横川商店街振興組合ホームページより）

福利厚生と労働組合

戦後の労働三法整備により、広島電鉄従業員組合が発足して以来、時期によっては7つもの労働組合が乱立したこともあったが、「私鉄中国地方労働組合広島電鉄支部」と「広島電鉄労働組合」の時代が長く続く。平成に入っての労働事情の変化に伴い、平成5（1993）年に統一が実現して現在に至っている。

人員不足への対応として昭和30年代後半には200戸近くの社宅があったようだが、昭和36（1961）年と翌年に計312名収容の女子寮、昭和41年には男子寮を建設。これらは必要性の薄れた平成18（2006）年までに解体され、跡地は分譲マンションとなったものもある。

また、昭和22（1947）年には本社に医師、歯科医師、保健師が勤務する診療所が開設され、昭和48（1973）年にはバスの広島南営業所にも医師が勤務していたが、平成11（1999）年廃止された。

平成8（1996）年7月より完全週休二日制が実現したほか、平成21（2009）年、人員不足や経営合理化の過程で複雑化し不公平感の増していた契約社員制や給与体系を統一すべく、契約社員を全て正社員化した上で職種別賃金体系の一本化を実現したことは、全国ニュースにもなった。この国の人口減の中で、人手を要する公共交通事業を維持する工夫は、この先も続いていくだろう。

平成30（2018）年4月、企業内保育所「ひろでんまめっこ保育園」がオープン。広島電鉄とそのグループの従業員のほか広島ガスの従業員も利用可能で、歴史的事情が今に息づいていることがみて取れる。

ここに至って、開業から100年余、古典的な路面電車から大型連接車へと車両や技術は変わりながらも、殆ど変わらぬ路線網は、もはや広島市に不可欠のインフラストラクチャーであることを証明して余りあるのではないだろうか。

2号線

路面電車のイ・ロ・ハ

かつて存在した路線

広電の路面電車は、現在の路線に落ち着くまでに、いくつかの路線変遷があった。その中でも、代表的な例を幾つか紹介する。

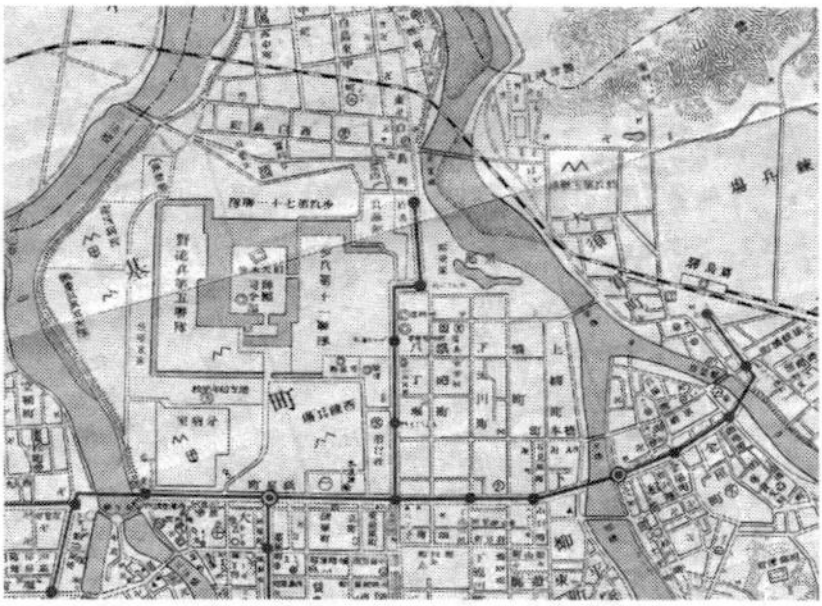
大正8（1919）年『最近実測広島市街地図』より。
所蔵：広島市公文書館

●白島旧線

短い路線の白島線。大正元（1912）年開業時は、常盤橋《ときわばし》線と呼ばれ、八丁堀―縮景園前間は現在より西側の、広島城の外濠を埋め立てて造られた現在の京口門通りに敷かれ、本線からの分岐部に白島線八丁堀電停があった。京口門電停や税務署前電停を過ぎ、現在の検察庁前交差点を曲がり、さらに縮景園前交差点を曲がって現在の線路に出ていた。縮景園前電停（当時は泉邸《せんてい》前電停）は2つの曲線の間、つまり東西方向にあった。現在の家庭裁判所前電停の位置が当時の白島電停にあたる。その後、戦後の都市計画で旧路線の東

広島市郷土資料館近くに残る土手下線跡地の空間

側、現在の白島通りに、被爆後7年が経過した昭和27（1952）年6月移設された。

●土手下線

昭和10（1935）年に宇品線が現在の位置に移設されるまでの土手下線の跡地が、現在も広島市郷土資料館近くに残っている。この跡地の一部を使って「ちびっ子広場」という公園が整備されており、公園の柵として細い古レールが使われているが、郷土資料館の赤レンガ建物の前身である「旧陸軍糧秣支廠」の荷物運搬用トロッコのものかもしれない。

土手下線は、わずか20年しか使われていなかったが、宅地開発されることもなくひっそりと残っている100年前の遺構を訪ねてみると、ノスタルジックな気持ちに浸ることができる。

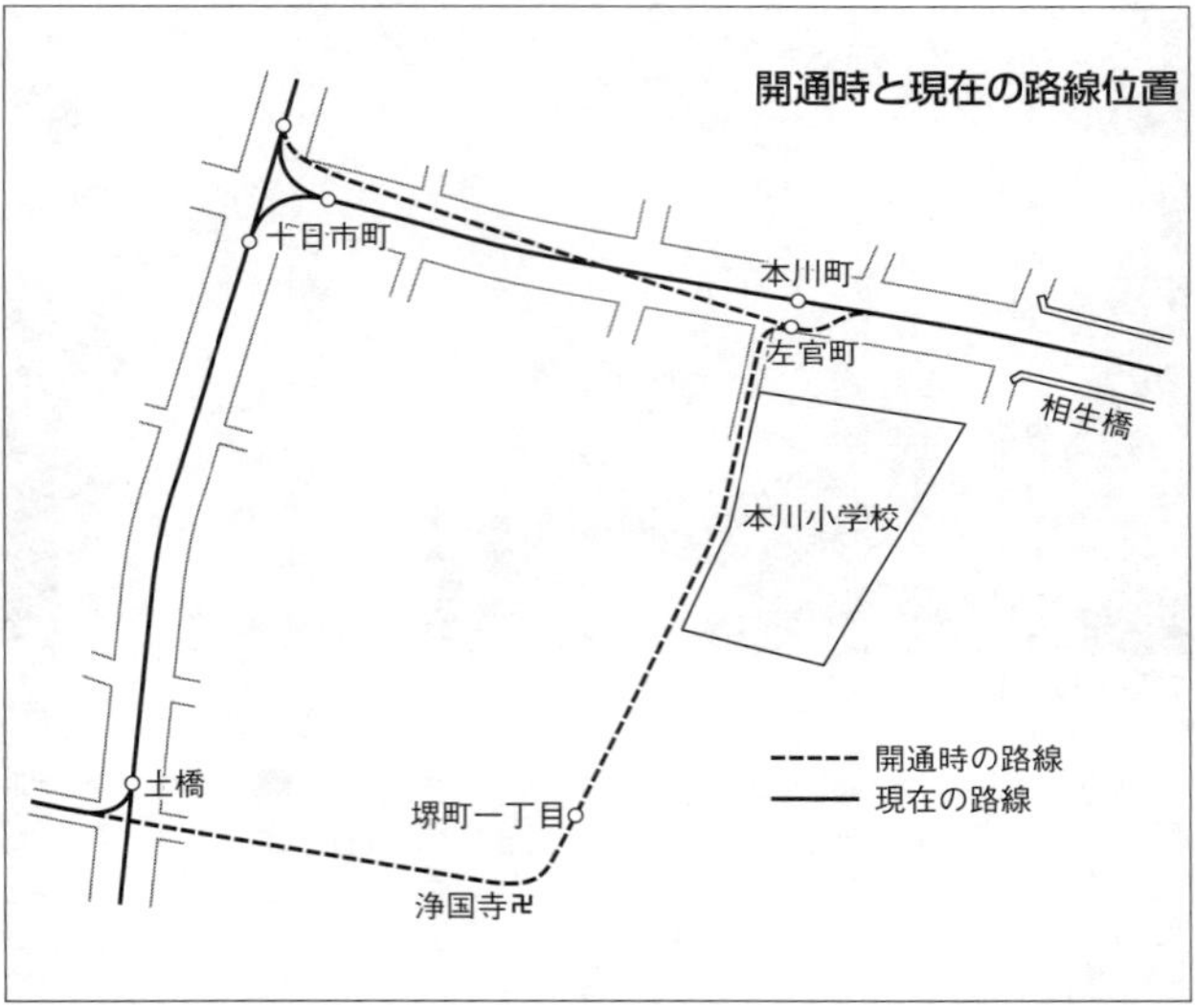

●本川町周辺

開業時は現在と違って、紙屋町から相生橋を渡った電車は１００ｍほどで緩やかに左に進み、本川町１丁目交差点付近の左官町電停で左にカーブし、本川小学校と広島記念病院の間を南下、浄国寺前の堺町一丁目電停を過ぎて土橋方向に曲がって走っていた。昭和19（１９４４）年までの32年間、堺町を路面電車が走っていた痕跡は、昭和20（１９４５）年の原爆による被害と、その後の復興の中で跡形も無くなり、今ではその事実は、当時の町を記した地図が知るのみである。

●天満町〜己斐　旧本線

市内中心部から、広電西広島に向かう際、電車は福島町電停の西側にある、太田川放水路に架かる新己斐橋を渡るが、昭和39（1964）年太田川放水路開削に伴う移設までは、新己斐橋と己斐橋の間に架かっていた路面電車専用橋を走っていた。

昭和39（1964）年から平成30（2018）年まで広電西広島駅にあった、地上8階、地下1階のターミナルビル広電会館の屋上からは、土橋電停のある交差点まで、旧線跡が一直線に見通すことができたという。

雑学アラカルト

●等間隔電停のトランジットモール

当たり前のようだが、電停間の距離はさまざまで、広島では市内線の場合、最短で100m、最長で700mの差がある。ところが、古地図には、等間隔に電停を設置したのではないかと思われるところがある。例えば、旧名の八丁堀・上流川町・山口町間。これは、現在の八丁堀・胡町・銀山町である。

今では、上り下りの安全地帯が入り乱れて、等間隔のイメージはとても持てないが、大正時代・昭和初期の市街図にはこの3つの電停が、ほぼ200m間隔で印されている。ただし、白島線を分岐する八丁堀は、今の位置より100mほど西、すなわち福屋百貨店の西端の交差点の位置にあった。そして、ここから東へ200mで上流川町、さらに200mで山口町の電停があったのだ。

もともと、相生橋（現在の原爆ドーム前）から八丁堀までは広島城の外濠だったから、埋め立てられて何もないところに線路を敷き、等間隔を基本に電停を置き、交差する街路等を考慮して微修正した結果だと考えると、ある意味頷ける話。市街地の路面電車とは、動く歩道感覚で気軽に乗り降りするものだったわけでもある。

現在では、電停の安全地帯と歩道が横断歩道で結ばれることもあって、交差点と無関係な電停は小網町だけになってしまい、安全地帯の間隔も等間隔どころではなくなっているが、低床で大きな窓の電車に乗って、路面を滑るように移動しながらウィンドウショッピングしたり、気軽に乗り降りして買物できる、トランジットモールを実現したいもの。店先・歩行者・路面電車だけという開業時の街は、そのものズバリだったのかもしれない。

●側線について

広電西広島と広電宮島口が複線で繋がる宮島線。車両を留置する場所としては、商工センター入口駅に接する荒手車庫（後述）と広電宮島口駅側線の2カ所がある。ほかにも、かつて宮島線には車庫と起終点駅以外にも車両を留置するための側線が、いくつか存在した。

草津駅の現在の下り低床ホームの古江方に分岐があり、ホームの後ろを通って今は使用していないY型屋根の下りホーム横に入っていた。これは、ホームの屋根の形を見れば想像できる。また、草津南駅は、当初は荒手駅と呼ばれていた海辺の駅で、下りホームのすぐ後ろは海。現在は、埋め立てで海は遠くなっているが、駅近くに魚市場が開設されていた頃の駅名は中央魚市場前。その頃の宮島線には魚電車という専用の車両があり、市場からの荷物積込のための側線があった（鮮魚電車・野菜電車の項で後述）。現在も、草津南駅の下りホームに立って広電宮島口方向を観察してみると、ホームの西側に微妙に斜めになった空きスペースがあり、側線のあった頃を想像することができる。

広電五日市駅（移転前の旧駅）にも上り線の山側に側線があった。どのように使われたのかは詳かでないが、後述の魚電車や野菜電車の待機場所であったかもしれない。太平洋戦争末期、爆撃を避けるために市内電車を疎開させていた、という話もある。

楽々園駅には、現下りホームのすぐ裏側の駐輪場の位置に側線があった。不自然に幅広い駐輪場がその証。楽々園海水浴場の混雑時対応用の側線として使用されていたとか。楽々園始発の電車もあったようだが、興味深い。

広電廿日市駅の山側には、上り線東側からの側線があった。中央魚市場前を出た鮮魚電車が広電宮島駅で荷下ろし後、戻ってきて広電廿日市の側線に入り、ここで荷下ろしをしたとか。下っていった鮮魚電車がなかなか戻って来ないと思ったら、廿日市の引き込み線に停めたまま、乗務員が近くの銭湯に行って、ひとっ風呂浴びていたという、おおらかな時代の逸話を耳にしたこともある。現在では想像もできない話である。

他にも、側線ではないが、市内線の県病院前電停から県立広島病院の前に向けて引き込み線が存在。丹那引き込み線あるいは桜土手引き込み線と呼ばれていたもので、太平洋戦争末期に造られ、戦後しばらくは被災した電車や廃車体が並んでいたとか。昭和20（1945）年8月8日に米軍が撮影した空中写真には、留置されている10両程度の車両が写っている。

●新宮島駅

宮島線が地御前まで延伸された大正14（1925）年に、宮島への航路が宮島と新宮島の間に開設される。新宮島とは、現在の阿品東駅の300mほど地御前寄りに作られた桟橋で、翌年には、電車も地御前駅から新宮島駅まで延びて桟橋と接続されている。

その5年後の、昭和6（1931）年に宮島線が電車宮島まで全線開業すると、新宮島駅は廃止されて、近くに新たに阿品駅（現・阿品東駅）が設けられる。宮島との航路はすでに国鉄（省線）の航路があったため廃止されてしまう。その後、昭和40年代に国道2号バイパス（通称・西広島バイパス）の建設工事に伴う線路移設により、新宮島駅の跡地は道路下へと消えていった。

●鮮魚電車・野菜電車

宮島線開業当初は、バケツに魚を入れた行商人が草津から己斐まで乗車するので車内が魚臭く、フタ付きの一斗缶で運ぶように申し入れをしたとか、電車内に幕を張って魚屋さんと一般乗客とを分けていたとの逸話が残っている。また、魚電車と呼ばれる鮮魚運搬専用電車や野菜電車も走らせていた、という記録も残っている。

草津の魚問屋は、天保10（1839）年頃に、7軒の魚問屋が広島藩から営業を許され株を持っていたことに始まる。明治5（1872）年頃には初代の魚市場が生まれて、この一帯は中町と呼ばれ始め、広島市が軍都として発展するにつれて、その規模も拡大。明治37（1904）年に魚市場が創立され、さらに昭和5（1930）年に草津南町に規模を大きくして移転するまで成長。草津の商業の中心地として栄える。その後、魚市場は昭和47（1972）年に広島市中央卸売市場中央市場の一部門として編成された後、草津沖に造成された商工団地（現在の草津港）に昭和56（1981）年に移転するまで、ここにあった。こうした市場の拡大によって、より多くの量を一度に運ぶ必要性が出てきたため、トラック輸送に変わり、かつてのような路面電車で魚を運ぶ光景は目にすることが無くなっ

大正から昭和にかけて鮮魚運搬用として活躍した無蓋貨車。
撮影：高松吉太郎

た。

大正12（1923）年に草津南駅近くに開場した、県水産試験場草津支場の開場記念に発行された『草津案内』には、「廣島瓦斯電軌株式会社鉄道部宮島線運輸課」のお祝いが掲載されているのも、地域密着型の鉄道だった宮島線らしさである。

●車庫

普段、走行していない電車は、いったいどこにいるのか。それは、千田・江波・荒手、この3カ所の車庫で待機しているのである。

千田車庫は、広島電鉄の本社がある広島市中区東千田町に大正元（1912）年の開業時からあった。開業当時は、電車運行のための電力を賄うために火力発電所もあり、現在も赤レンガの建物が残っている。すぐ東側の平田屋川から、燃料となる石炭を運び火力発電を稼働させていたとか。車庫内には、電気・工務・車両などの技術部署も集中している。

江波車庫は、広島市中区江波西に位置。昭和18（1943）年に舟入本町まで開通した江波線が、翌19（1944）年に舟入南町まで達した際は、現在の白島電停のような単純な折り返し設備のみで、戦後、昭和27（1952）年になってようやく、江波（当時は江

荒手車庫に颯爽と並ぶ電車

波口）まで延伸された時に終点の先につくられた。その場所一帯は、旧陸軍の射撃場跡である。

3カ所目の荒手車庫は、西広島にあった己斐車庫を昭和35（1960）年に移設した宮島線専用の車庫。かつて、宮島口駅側線に宮島車庫も設けられていた。荒手車庫は、宮島線建設のために埋め立てられた場所で、菊人形展などが開催された「菊楽園」があった場所。車庫の出庫口に近いすぐ山側の一段高い住宅が、かつての海に突き出した半島で、車庫はもとの海の中である。その住宅地から商工センター入口駅に向かう構内踏切をよく見ると、当時の岩礁がむき出しのまま残っているのが分かる。

荒手車庫の電車は、平日の朝ラッシュ帯はほとんどが出庫して通勤通学需要に対応。ラッシュが明ける頃に入庫する車両が増え始め、定期点検や洗車が行われる。この時、運行を管理する操車部門の担当者は、翌日の曜日・天候・点検車両などを考えて走らせる車両や出庫の順番を決め、点検終了後にその順番通りに出庫できるよう、午後のラッシュ帯を走り終えた車両を入庫させていく。例えば、終電車が車庫に収まる時、車庫内は車両で一杯になっているが、終電車だった車両は車庫の奥の方には入れないので翌朝の早い出庫順番になる。もしその電車に、朝一番の点検予定が組まれていたら大変な事になるので、頭を悩ませて翌日の運行順序を決め、それに合わせるよう、少しずつ間引くように入庫させる。そんな時に、事故や故障が発生したら一大事。混乱したダイヤを平常に戻しながら、翌日の運行を組みなおし、それに合わせて入庫を調整する。

また、車庫に入庫した電車の順番を考えるのは、事故や故障だけではない。かつては夜になって運行を乱す原因の代表だったのが、旧広島市民球場時代のナイターだった。その影響は顕著で、カープが勝ったまま試合終盤に突入。そのまま逃げ切るかと思われた試合が、9回土壇場で追いつかれそのまま延長に入ったらさぁ大変！　慌てて、出庫電車の順番を変えるなど、現場が混乱を極めたとか。まさに、広島ならではの話である。

●松大汽船とロープウエー

宮島口と宮島を結ぶ航路は、山陽鉄道の開通に合わせて明治30（1897）年に開設されており、その後国有化されていた。

昭和14（1939）年に宮島の住人・松本大次郎氏が自分の名前をとった「合資会社松大航運社（現・宮島松大汽船株式会社）」を設立して航路を開設。さらに、昭和32（1957）年に広島バス系の連絡船会社「広島観光汽船」が設立され航路を開設。「龍宮丸」「乙姫丸」2隻の観光船の運航を始める。この年、松大航運社は「宮島松大観光船有限会社」となり、これによって、宮島口と宮島を結ぶ航路は3本となった。

しかし、この3本体制も長くは続かず、翌昭和33（1958）年には、宮島松大観光船は広島電鉄のグループ企業となり、昭和46（1971）年に広島観光汽船も宮島松大観光船に吸収されて、宮島航路は国鉄と広島電鉄の一騎打ちとなった。このため、宮島線で到着した乗客は宮島松大観光船、国鉄に乗車していた乗客は国鉄連絡船という流れができあがったものの、昭和51（1976）年に宮島口桟橋の埋め立て沖出しにより新桟橋の供用が始まると、駅と桟橋の間の微妙な空間が旅行者を流動させる現象が発生。両社とも、利用者の目につくように大きな広告看板を掲出するなどのアピール合戦を演じようになる。

広電グループは、昭和41（1966）年展望レストランを備えた広島宮島ガーデンと大駐車場を整備するとともに切符売り場など施設構造物を広げて集客を図るようになった。

現在では、国鉄から引き継いだJR西日本の宮島航路が厳島神社の大鳥居に接近するルートを売りにしているが、松大汽船側も広電グループの強みを発揮して、各種フリーパスとの連携で宮島口に着く前に乗客を確保。とはいうものの、パセオカード（バスカード）時代からPASPYになっても、競争関係でありながらJR連絡船でも使える仕組みにしていたのは興味深い。宮島口はさらに埋め立てられ、フェリーターミナルを整備して、宮島線とも接続する工事が2019年度完了に向けて進んでいる。今後、どういった取り組みが行われるのか、目が離せない。

また余談ではあるが、先述した「龍宮丸」は昭和54（1979）年に解体されているが、「乙姫丸」の方は、現在も倉橋島（呉市）に現存している。ただし、陸揚げされて過去にはレストランとして使われたものの、今は廃墟のように草に覆われ、その特徴ある龍の舳先は脱落している。

宮島航路と連絡して、宮島・弥山山頂まで結ぶのが「宮島ロープウエー」だ。広島電鉄の第3代社長、伊藤信之氏が「素晴らしい景観と歴史を持つ宮島を何としても世界の公園にしたい」と考え、昭和34（1959）年に開業している。ルートは、紅葉谷～榧谷《かやたに》を結ぶ紅葉谷線が複線自動循環式普通索道で、榧谷～獅子岩《ししいわ》を結ぶ獅子岩線が複線交走式普通索道である。

当初は大聖院～仁王門のルートで計画されていたが、景観への影響を指摘されて、5つの案から現ルートに落ち着くまでは相当な苦労があったとされている。

電車全線と宮島松大汽船が乗り放題となるお得なフリー切符「一日乗車乗船券」を使うと、宮島ロープウエーが大人往復通常1800円→1350円、小児往復通常900円→700円と割引になる。宮島という人気観光地を舞台に、電車とフェリー、そしてロープウエーが一体となった観光ルートが確立されているのも、大きな特徴の一つともいえる。

肝心の運賃は？

●運賃あれこれ

広島電気軌道の開業時、軌道線は区間制運賃で、1区2銭に1回1銭の通行税が加えられ、全線4区だったから3～9銭で乗れた。その後、大正15（1926）年全線5銭の均一制になって以来、ずっと均一制。昭和40（1965）年、乗換制が廃止、乗切制になる。昭和41（1966）年に乗車券を廃止し、乗客が直接運賃箱へ投入する方式になり、ワンマン化にも奏功する。

その後久しく乗切制が続くが、平成元（1989）年12月から、指定された乗換停留所で運賃130円に50円を加算して支払うことにより乗継券を発行する方式で復活、平成9（1994）年からは加算無料で乗り継げる方式になった。

昭和43（1968）年に15円から20円になるが、同年発売のタバコ「セブンスター」が100円だったのだから、電車の運賃がいかに手軽だったかが分かる。その後も運賃改定は続くが、前回の運賃改定から20年ぶりとなる平成29（2017）年8月1日の改定で180円に。前述の「セブンスター」は翌平成30年で460円である。

運賃を20年間も据え置くのは、経営努力の積み重ね以外の何ものでもない。それどころか、この間に超低床車両は増え、電車接近表示なども高度に整備され、路盤や施設も更新改良されている。平成25（2013）年の「交通政策基本法」など、補助制度も拡充されているが、安易に運賃値上げの途を選択せず、生活の足「ライフライン」として乗客負担を抑えてきたということである。

区間制である宮島線の運賃に、ちょっとお得な運賃区間があることを紹介しておこう。昭和62（1987）年に、広電五日市駅が移設されJRの五日市駅と一体化した時、広電廿日市―広電五日市間の距離が3㎞を超え2区間相当になったが、移設前の1区間に据え置かれた。平成29（2017）年改訂後の今も2区間160円ではなく1区間140円である。同様併行するJRを意識する宮内―広電阿品間も160円ではなく140円である。

また運賃の収受面でも、平成30（2018）年5月からは、一部電車限定で「ICカード全扉降車サービス」（いわゆる信用乗車）への取り組みもスタートした。

今後、昭和40（1965）年に始まった現在の運賃制度を大きく変え、時間別運賃やゾーン制が検討されているとも一部で報道されており、もしこれらが実現すると、乗客の利便性を考慮された変更になると考えられることから、期待が高まる。

●乗車券と券売機

市内線はワンマンカー主体なので乗車券の発売はなく、回数券もICカードにとって代わられている。記念乗車券を別にすれば、行事などの多客時に発売されることがあるのと、現在、広電宮島口駅には2基の券売機があって乗車券を発売しているが、桟橋リニューアルに伴う駅の移設後には姿を消す可能性も。広島電鉄の券売機は絶滅危惧種である。

●一日乗車券

広電をお得に利用する際の必須アイテムが一日乗車券。かつては、利用日の日付を定期券売場で押印するタイプで始まり、利用日を乗客自らが削って利用するスクラッチタイプに。そしてパセオカード導入で磁気カードタイプになったが、現在はスクラッチに戻っている。また、広島で大きなイベント等が開かれる際は、記念一日乗車券が発売されることがあり、最近では平成30（２０１８）年４月に旧広島市民球場跡地で開催されたアーバンスポーツの祭典「FISE Hiroshima 2018」を記念して、ＦＩＳＥ広島開催記念周遊券が発売されている。

一日乗車券には、宮島観光に便利な「一日乗車乗船券」もある。こちらは、通常の一日乗車券に、宮島口と宮島を結ぶ宮島松大汽船の乗船券と、宮島ロープウエーが割引運賃で利用できる特典。さらに、割引運賃でのロープウエーを利用すると、帰り際に土産物店「宮島口」のもみじ本陣でもみじ饅頭（3個入り）と売店割引券がもらえるという、なかなか豪華な内容。広島市内から宮島へは電車が往復５６０円、宮島松大汽船が往復３６０円で、

現在発売中の電車に関係する一日券

一日乗車乗船券	電車一日乗車券	広島ピースパス（電車バス一日乗車券）
大人840円、小児420円	大人600円、小児300円	大人700円、小児350円
広電電車全線と宮島松大汽船	広電電車全線	広電電車全線と６事業者の路線バス指定区間内すべての路線バス

合計９２０円。これだけを比べても、８４０円の一日乗車乗船券は往復するだけですでにお得なのに、買物や饅頭の特典も付いて、もちろん電車と船は何度でも乗り降り自由。市内線の運賃が、１５０円→１６０円→１８０円と変わっても、一日券の価格は据え置かれている。一見、観光客向きだが、そのコストパフォーマンスを知った一般乗客も普段乗りに活用しているとか。

その他にも、訪日外国人向けに訪日外国人観光客周遊乗車券「Visit Hiroshima Tourist Pass」や、観光客のみならず地元民も使えてコストパフォーマンス面で最強ともいわれる「広島ピースパス」（７００円で電車全線と6事業者の広島市中心部の路線バスが乗り放題）も販売されており、多くの利用があるようだ。

また、新型電車のデビュー記念や、平成30（２０１８）年には広電本社前電停リニューアル記念の乗車券を発行するなど、コレクターの心をくすぐる乗車券もタイミングを見計って発売されている。もちろん、広島東洋カープの優勝時にも発売される。ほかにも、株主優待乗車券や期間や条件を絞って発行される乗車券もある……という。

●ICカードPASPY

平成5（1993）年に広島電鉄を含むバス6社の共通回数券が磁気カード式のプリペイドカード化し、平成7（1995）年にはこれを用いたバスの乗り継ぎ割引が始まるが、平成9（1997）年に電車もこれに加わるとともに、独自にパセオカードと名付けてカードを発行。カードは平成20（2008）年に至ってICカードに移行し、PASPYと名付けたカードを各社が発行又は使用可能になり、JR線を除く広島県内のバス、電車、宮島へのフェリーに乗車船できるようになったほか、平成30（2018）年からは全国交通系ICカードでの乗車船も可能になった（ただし電車の乗継以外の割引はなく、正規運賃での差し引きになるなど、PASPY優位のサービス内容になっている）。車内に加えて、一部の地方金融機関のATMでチャージ可能になっているのは、珍しいサービスだろう。

「PASPY」のネーミングは、PASSとHAPPYを併せた造語で、スピーディの意味も込められている。PASPYの後3文字がSPY（スパイ）であることから、マスコットキャラクター「くまぴー」は黒いサングラスをかけている。サングラスを外すと現れるつぶらな瞳がキュートで人気。中国山地からこっそり降りてきたスパイのツキノワグマという設定である。

市内線電車独自の対応として、平成30（2018）年5月から、当面は一部の形式限定ながら、「ICカード全扉降車サービス」（いわゆる信用乗車）がスタート。乗客にとって車内移動の苦労が解消したほか、乗降時間が短縮されてスムーズな運行につながるなどの効果が見えはじめている。

PASPYのキャラクター「くまぴー」

●アルバイト車掌

市内線がワンマン化されてからも、朝ラッシュには車掌の乗務が不可欠であった。この時間だけの乗務に活躍したのが、大学生を主とするアルバイト車掌である。

採用された応募者は、まず座学教習を1日受講する。座学の内容は、会社組織の概要、路線の運航経路、運転安全規範、就業規則、服務規程、旅客営業規則、軌道運転取扱心得、事故時の対応要領、乗務時の留意事項、案内用語など。また車庫内の留置車両を用いて、扉の開閉や方向幕ほか表示類の取扱について説明を受け、また操作を体験する。翌日から2日間は、お古の制服に身を包み、社員または先任アルバイトと共に乗務しての実地研修。その後、単独乗務という流れである。

乗車券は廃止されているので必要な業務は運賃収受ではなく、スムーズな運行確保のための扉の開閉と乗降客の安全確認、両替や回数券の販売である。そのほか、花火大会や灯籠流しなどの多客時の整理、運賃変更時などの表示作業など、一時的な作業にも充当された。宮島線でも、2両編成の中扉車掌はアルバイトだった時期がある。

1号線と3号線を担当する千田営業所は広島大学（当時）が近かったこともあり、早朝約2時間勤務して社員食堂で朝食、それから講義に出席という、文字通り朝飯前の仕事であった。また、夏休みなどは、入れ替わりに帰省して来た電車好きの学生が勤務するので、好都合だった由。

本職の運転士同様、出退勤時刻はバラバラ。こちらは時間給だから日ごとに給料額が違う。それでどのダイヤに勤務するかは早い者勝ちの申込順。勤務時間の長さで選ぶ者、仕事の楽な乗客の混雑度で選ぶ者、退勤時刻と授業時間割の関係で選ぶ者とさまざま。

仕事柄、私金携帯禁止なので、社員食堂は「喫食購買券」なるチケット綴が給料天引で支給されたほか、通勤用の電車やバスの「特別乗車券」も貰えたが、たいていは始発前の出勤だから役にたたなかった筈である。精勤者には1カ月通用のパスが支給された。

広島大学の東広島市移転や車両の更新、労働事情の変化に伴い、姿を消した。

交差点の交通信号が赤の間に乗降を完了し、青と同時に発車できるのがベスト。乗客を急かすわけにはゆかないものの、いかに短時間で乗り降りしてもらうか。「心理学の実践でした」とは、後に大学教授になった経験者の回想である。

3号線

動く路面電車博物館……
その人気の秘密

誰が名付けたのか分からないが、日夜広島の街中を走り続ける広島電鉄の路面電車は、鉄道ファンの間から「動く路面電車博物館」と呼ばれている。その理由としては、現在走っている路面電車は、広島電鉄のオリジナル車両はもちろんだが、かつて京都市電や大阪市電、神戸市電、西鉄北九州市内線、西鉄福岡市内線として走っていた車両が、当時のカラーリングで今もなお元気に走っているから。その数はなんと25車種298両にもおよび、路面電車の車両種類の数で間違いなく日本一を誇るからだ。この章では、その広島電鉄の一番のポイントでもある、車両について紹介する。

現役車両図鑑

●100形（大正形101号）

昭和59（1984）年、〝Sun Sunひろしま〟とネーミングされた広島県の大型観光キャンペーン開催に合わせて作られた、大正形電車の復元電車。車体の色など、当時を知る元乗務員に話を聞いて再現されている。台車は、当時広島市西区大芝の「県立広島交通公園（現・大芝公園交通ランド）」に静態保存されていた157号の台車を整備して使用

大正形101号。運転士は立って運転している

している。平成24（2012）年の広島電鉄開業100周年の際には、開業時と同じ飾り付けに当時の制服姿の乗務員が乗務して、記念運行されている。

●200形（ハノーバー電車238号）

広島市の姉妹都市でもある、ドイツ・ハノーバー市との交流の中から譲り受けた車両で、通称〝ハノーバー電車〟と呼ばれている。車体は戦後に更新されているが、ハノーバーでは戦災にも遭っている、戦災復興電車でもある。クリスマス時期にはきらびやかなイルミネーションが飾り付けられ、サンタクロースを乗せて広島の街を駆け回っている。運転するのはもちろんトナカイだ。クリスマス電車は広島の冬の風物詩となっている。当初は電飾の電源の問題で乗車することはできなかったが、LED電球に切り替わった近年ではクリスマス時期に電車を貸し切って乗車することも可能になり、人気を集めている。

ハノーバー電車238号といえばクリスマス電車。子どもたちにも大人気だ

大正形電車とハノーバー電車は、現在も横川―江波間を週末を中心にイベント運行しているので乗車することは可能だが、それぞれの電車に冷房設備がないため夏の間は運休するなど運転日が限られており、乗る際には広島電鉄のホームページで運転日を確認して乗車することをおすすめする。また車両の趣旨から、ＩＣカード機器は搭載されていないので現金でのみ乗車できる。

●350形

かつては、850形として宮島線も走ったことのある電車。広島電鉄オリジナルの車両で、車内には合図紐を通すための穴や滑車が残っているなど、冷房改造と大型方向幕以外は、ほぼ車両を作った当時の原型をとどめている。間接制御（非自動進段）のコントローラーは、反時計方向に回すと電気ブレーキが作動するが、この電

350形。高速運転対応の証であるひし形のパンタグラフも誇らしげ

車の電気ブレーキは常用使用が可能。エアーブレーキのみを使用する乗務員がほとんどだが、たまにベテラン運転士が電気ブレーキを使っている時には、すでに運用を外れ1編成しか残っていない2000形と同じサウンドを響かせるので、マニアにはたまらない。鉄道線での運用もあったためか、旧型単車には珍しく、速度計を備えているのもポイント。そのため、運転士を養成する際の試験車両にも指定されている。ちなみに、試験の際には速度計を布で隠し「今時速何kmか」とか「20kmまで加速しなさい」など、速度観測と速度調整能力を試されると聞く。

●570形（582号）

元神戸市電。太平洋戦争末期、神戸大空襲で多くの電車が被災する中、偶然橋の上に取り残されたことにより被災を免れ、昭和46（1971）年の神戸市電廃止後に広島に移籍した。同型式の電車が数多く廃車されていく中で現役運行する強運の電車。スマートな車体を活用して、選挙が行われている期間中は、広報用の花電車にも運用されるなど、その活躍はまだまだ続いている。同形の578号は、昭和61（1986）年、アメリカ・サンフランシスコ市に寄贈され、トロリーパレードのオープニングで市長を乗せて走る先導車に使われたという話もある。

582号。苦難を乗り越え走り続けていく

●600形（602号）

昭和50（1975）年に、西鉄福岡市内線の一部廃線に伴い、翌昭和51（1976）年に広島に移籍。車体の両端が絞り込まれており、馬面な印象の赤い車両だからなのか、一部のファンからはフェラーリと呼ばれている。車体を絞り込まれた影響からか、ドアエンジン点検蓋の固定のためのフックが運転席上にぶら下がっているのが見られる。オリジナルの板台車の振動が激しく、大阪市電のものに交換されている。

●650形

昭和17（1942）年に5両製造されたが、現在は2両（651と652）のみが現役運転中の被爆電車。653号は一度引退したものの、被爆70年を迎えた平成27（2015）年に、地元放送局のプロジェクトの一環として、被爆当時の旧塗色をまとい復活。電車内に設置した大型モニターを使って、被爆者の方々の証言や復興エピソードを映像と音声で届けるなど平和学習に活用。同年の第14回「日本鉄道賞」特別賞を受賞した。その後も、毎年7・8月に運行日と便限定で走行している。654号は、広島市交通科学博物館に保存されている。

602号。写真は当会の企画で行ったビールの飲めないビール電車

被爆車両として証言し続けている650形

700形。705号からは正面方向幕がもう少し大きくなっている

●700形

軽快電車としてデビューした3500形の車体を参考にして、路面電車の新標準となる700形がデビューしたのは、昭和57（1982）年。サイドミラーも手動ではなく電動で出し入れできるのが特長。701-704号と705号以降とではミラーの動きが異なる。

●750形

元大阪市電。762号は昭和20（1945）年6月にあった、第二次大阪大空襲により焼けて骨組みだけになったのを復旧して使用していた。昭和44（1969）年に大阪市電が廃止になるのを受けて、昭和40（1965）年から昭和43（1968）年にかけて大阪市交通局から購入している。同形式では、廃車にされてモーターが700形に受け継がれたものや、昭和57（1982）年にテレビドラマ『西部警察 PART-Ⅱ』の撮影で爆破されたもの（後述）、ミャンマーに譲渡されたものなど姿を消す車両が多い中、空襲被災の歴史からか大切に扱われている。イベント電車「TRAI NROUGE」の768号や花電車用貨51号も同形式。

平成10（1998）年撮影の762号。当時の向宇品口にて

●800形

広島電鉄の800形には、先代の800形が存在していたがすでに全車姿を消しているので、ここでは現800形について紹介する。

14両の大所帯ながら、微妙に顔つきの違う800形。801号と802号は前照灯周りが縦型で、その他は横型。しかしその作りが、連接車の3800形や3900形の影響で微妙に異なる。横の塗分けも違っていたりしてバリエーションは豊富ながらも、駆動系は変化がなく軽快電車として登場した3501号のように電機子チョッパ制御独特のサウンドを車内に響かせながら走っている。平成30（2018）年春、805号がVVVF（交流モーター駆動方式のひとつ）化され、同形

800形。相生橋上の原爆ドームを入れた定番の撮影スポット

式初の大きな変化となった。徐々にＩＧＢＴ化が進む３９００形（後述参照）と同様、８００形も順次更新されるのかもしれない。

●900形

元大阪市電。６両が江波車庫に所属しているが、３両が実質休車状態で、現在は９１２-９１４号の３両のみが現役運行中。昭和40（１９６５）年から昭和44（１９６９）年にかけて、ワンマン化を検討中の広島にタイミングよく移籍してきた車両でもある。和製ＰＣＣカーと呼ばれる大阪市電３００１形電車と同様の車体を持つが、走り装置はいたって平凡。大きな窓の明るい車内と安定した走りで、広島移籍後も活躍を続けている。しかし、近年は１０００形超低床電車の増備により廃車休車が進み、今後の動向が心配される車両でもある。９０６号は韓国・ソウルの鉄道公園に保存・展示のため無償譲渡されている。

900形。写真の907号は、現在は江波車庫で眠っている

●1000形

平成25（2013）年の、広島電鉄開業100周年記念車両となる1001号「ピッコロ」と1002号「ピッコラ」と、続いて増備された1003号-1014号「グリーンムーバーレックス」からなる広島電鉄最新鋭車両グループ。

1001号と1002号には車内に記念プレートが貼られて、車体は100周年を記念した祝杯をイメージするデザインに加えて、阪急電車のマルーンに似たアニバーサリーレッドに包まれていた。しかし、現在は1001号は広告で、1002号はフラワーラッピングされて見ることはできない。1003号以降のネーミングである「レックス（LEX）」は、Light Excursion（ライト・エクスカーション＝小旅行・周遊旅行）からつくった造語であると、広島電鉄のホームページには書かれ、側面に並ぶ60個の星は市内線の電停数を示している。平成30（2018）年5月より始まった

「グリーンムーバーレックス」の愛称で親しまれている1000形

ワインレッドのお洒落な車体カラーの「ピッコラ」（1000形）

「全扉乗降」により、全車両の中扉にも降車用ICカードリーダーが設置されており、ICカード利用者は最前部まで移動することなく下車できる。

●1150形（1156号）

元神戸市電の1150形であり、昭和46（1971）年に7両が移籍している。

昭和53（1978）年に広島市とドイツ・ハノーバー市が姉妹都市を結んだ記念として、当時の1105号がハノーバー塗装（色はピンク、白、青、水色。側面には、青いシ

可愛い動物のイラストが描かれた1156号

マウマ、ライオン、ヒョウ、ダチョウ、トラのイラストが描かれている）された。これは、ハノーバー市を親善訪問した広島国際青少年協会の子どもたちのリクエストに応じる形でハノーバー市長の許可を得て走り始めた。現在では、廃車となった1105号の代わりに、1156号がハノーバー塗装されている。この1156号は、ラッピングではなく全面塗装での運行となる唯一の車両といえるかもしれない。

●1900形

昭和53（1978）年に京都市電が廃止になったのを受けて、京都市交通局から15両が移籍。上部に2基配置された前照灯によって、夜間視界も良好で、乗務員にも人気が高いとされている。広島に移籍後は、現在もなお1両も廃車されることなく、超低床車両が幅を利かせてきた現在でも主力といっていい活躍ぶりを披露している。京都時代から引き継がれたフートゴングは、右折車の多い広島市内でも事故防止に役立っている。「京都からきました　これからもよろしく」と横断幕を掲げて走った移籍第1号は1908号で、この1908号のみ旧後扉部の改造が異なっている。各車両には、京都にちなんだ愛称が各車に付けられており（愛称募集への応募は約9000通もあった）、1901号から順に、「東山」「桃山」「舞妓」「かも川」「比叡」「西陣」「銀閣」「あらし山」「清水」「金閣」「祇園」「大文字」「嵯峨野」「平安」「鞍馬」となっている。

京都市電としては20年ほどだが、今も京都のファンに愛されている

●3000形

昭和51（1976）年に、西日本鉄道から1101形・1201形・1301形を購入し、3両連接に改造した車両。現在は、3002号、3003号、3004号、3007号、3008号の5編成のみ運行している。3001号は早くに解体され、3005号と3006号はミャンマーに譲渡されている。

ピンクの車体が目を引く3000形。3両連接車のヘッドマークを掲げていた時期も

●３１００形

２５００形２両連接電車５編成10両を３両連接化した改造車両。もともとの10両を使い、３両連接電車を３編成作ったので１両余ってしまい、改造工事後しばらくは２５０６号が江波車庫に保管されていたものの、その後解体されている。３１０１号Ｂ車側車端部には旗を差し込む筒が取り付けられているが、果たして使われたことがあるのか気になるところ。改造の関係で、網棚はパイプ棚と紐網棚が混在しており、これによって種車の違いを確認することができる。塗色は、３両連接化された直後は３０００形と同じ旧直通色で走っていたが（ただし正面のラインを省略）、すぐに現行色に塗り替えられている。昭和63（１９８８）年からの7年間は３１０３号がドイツのエアブラシアーティスト、ジョー・ブロッケルホフ氏により車体全体に平和を意味する絵が描かれ、「ピースバーン」号として運行されていたのも懐かしいところ。同氏は、現

荒手車庫で出番を待つ3100形

在も定期的に来日している様子。

平日の朝ラッシュ時しか使われなくなった３１００形だが、もし乗車機会があれば、吊り掛け電制の独特なサウンドと改造のことを思いながら観察してみるのも面白い。

●３５００形（３５０１号・ぐりーんらいなー）

昭和55（１９８０）年、20年ぶりに新造された３５０１号（３５００形）。技術進化の遅れを取り戻すため日本鉄道技術協会によって開発されたのが３５０１号。通称「軽快電車」である。

空気ばねの反応速度による車体の傾きのタイムラグが印象的。乗降口の３段ステップも、乗降に時間がかかるとして敬遠されて、休車直前は午前中の宮島線内限定で運用されていた。めったに走行しないからなのか、沿線の女学生が、車両が走行する度に「新しいのが来た」と口にするので、思わず苦笑いしたのもいい思い出だ。平成24（２０１２）年の広島電鉄開業１００周年では、千田車庫でのイベントで公開された帰途、車両故障で後続車に連結され推進運転で江波車庫に収容されるというハプニングも。長崎の同系列車両が廃車解体されている今、この車両の存在は貴重といえる。

余談ではあるが、導入された当時、テレビドラマ『太陽にほえろ！』の番組中のコマーシャルでは、スポンサーである三菱電機の新技術紹介として全国のお茶の間に紹介されていた。

この３５０１号は、その後の広島電鉄の車両ラインナップに大きな影響を与えた車両とされているが、車両の特性が強烈すぎて残念ながら実動は少ない。今も江波車庫に走行可能な状態で保管されている。

世界遺産の原爆ドーム前を颯爽と走行する3700形

●3700形

昭和59（１９８４）年に、２代目「ぐりーんらいなー」として、３５０１号の影響を色濃く反映した車両。現在は３７０１号と３７０２号が千田車庫に配置されて、市内線で運行。３７０３号から３７０５号は荒手車庫に配置され、２号線（宮島線）を中心に運行している。３７０４号と３７０５号は、電気ブレーキから空気ブレーキへの切り替わりにクセがあり、運転士の技量を端的に表す電車となっているとも聞いたことがある。

3800形。古江駅付近

●3800形

昭和62（１９８７）年に、３７００形に続いて、宮島線直通車両として導入された車両。広島電鉄初のＶＶＶＦ電車として、９編成が全車荒手車庫に所属し２号線を中心に現在も活躍している。その中でも、３８０１号は、かつて発生した福島町電停付近での事故の影響で、Ａ車運転台扉付近から前側が作り替えられているものの、事故前と比べ変化はない。ヘッドライトの形が、３８０３号までと以降とで違うほか、インバータ起動装置の配置で屋根上にも個体差があるが性能的には同じである。重故障が少なく、乗務員の信頼も厚い。ＪＲが「ひろしまシティ電車」と称して山陽本線の密度を上げてきたことに対抗して、直通運転の拡大と高密度化で応じた広島電鉄。その最大戦力となった車両であり、まだまだ活躍は続いている。

●３９００形

３８００形に続く連接車として、平成２（１９９０）年から製造された。８編成全車が荒手車庫に所属し、２号線を中心に活躍中。３８００形よりも高出力のモーターを搭載して、加速性能は空転防止のために抑えられた出足こそ３８００形に一瞬劣るものの、伸びは鋭い。平成30（２０１８）年４月現在３９０３号までインバータ機器更新（ＩＧＢＴ化）が進んでおり、モーターサウンドは大きく変わり、加速性能は抑えられた模様である。市内線と宮島線を直通運転する電車には「直通表示灯」が正面上部の方向幕左右に配置されているが、３９０６号からＬＥＤ化されるとともに運転席から表示灯を入切できるようになっている。しかし３９００形の派生である３９５０形からは、直通表示灯は廃止され、現在点灯することはない。

「Green Liner」の愛称で親しまれている3950形

●3950形

平成9（1997）年に導入された3950形。性能的には3900形と変わらないが、この電車から愛称「ぐりーんらいなー」が「Green Liner」に変更されている。現在、6編成全車が荒手車庫に所属して、2号線を中心に活躍中。車体は、運転席前が曲面ガラスを使用してやや延長され、側面上部も屋根上機器を隠すようにデザインされている。近年、方向幕がLED化された。この電車のデザインは、GKデザイングループの山田晃三氏が担当し、氏がデザインを担当したアストラムラインやボン・バス、そして「グリーンムーバー」5000形と同系統のデザインとなっている。かつて、路面電車を考える会では平成15（2003）年にその山田晃三氏を招いて「路面電車から観光を考える」と題した講演を開催、デザインについての話を聞く機会を設けている。

●5000形

平成11（1999）年6月にデビューした、現在の広島電鉄の主力車両の「グリーンムーバー」。都市内の移動を容易にする「都市の装置」として名付けられている。広島電鉄初の超低床車両で、ドイツ・シーメンス社のコンビーノシリーズを日本仕様に整えて輸入した。全12編成のうち、5012号のみ千田車庫に所属し、他は荒手車庫に所属している。同年3月に、5001号がロシアの超大型輸送機「アントノフ」によって広島空港に到着した際は、鉄道ファンのみならず航空ファンも空港に集結し注目を浴びた。ちなみに当時の報道によると、アントノフは超大型機のため長い滑走路が必要だったが、この時は荷物が軽かったため広島空港を使えたとか。路面電車を載せてきて「荷物が軽い」には驚く。車両としては、輸入車両であることと、補助金を幅広く受けた車両であることから苦労も多く、オーバーホールのためにドイツに送られたこともある。

その5007号は、平成19（2007）年のカープ電車として運行され、当時のマー

広島市中心部・八丁堀交差点付近を走る現在の主力車両「グリーンムーバー」(5000形)

ティ・ブラウン監督の直筆サインとともに街を走ったが、それが最後の晴れ舞台で、現在は荒手車庫に留置されている。現在、車庫内では自走可能な模様で、同じく運用から外れている5001号と5003号と合わせて、この3編成の今後の動きが気になるところ。

デビューからしばらくは、車内に文字ニュース表示装置や運転台後ろには「ムーバービジョン」と呼ばれた液晶モニターが取り付けられて、さまざまなインフォメーションに活用されていた。ヨーロッパの気候に合わせたのか、暖房能力は高いものの日本の高温多湿な夏を苦手とし、冷房能力は日本製の5100形電車と大きく異なる。近年、方向幕がLED化された。

●5100形

平成17（2005）年3月から営業を開始した、5100形。通称「グリーンムーバーマックス」。5101号は、荒手車庫に所属しているが、5102-5110号は千田車庫に所属して、主に1号線を中心に活躍中。

5100形。市役所前電停が移設される前の写真

唯一宮島線を走る5101号は「広島観光インフォメーション電車」として運行されていたが、平成30（2018）年春より「ひろしまおもてなし号」として、広島県の観光プロモーション「カンパイ!広島県」キャンペーンの「牡蠣ングダム」企画をPRしている。

●750形（TRAIN ROUGE・トランルージュ）

平成30（2018）年春に広島市佐伯区にオープンしたアウトレットモール「THE　OUTLETS　HIROSHIMA」には、ドルトムント電車（後述）として親しまれていた76号がいる。まだ電車として走っていた頃の末期は貸し切り専用車両として、広島市内のレールショップ「ＳＡＴＴＯステーション」が乗車会を開催。車内にテーブルを設置して、オードブルと飲み物を提供していたことも記憶している。

そのドルトムント電車も現役を引退し、貸し切り専用車両が不在となり、車内で飲食する貸し切りは行えなくなった。当会は知恵を絞って、「なんちゃってビール電車」と称し、ビールを飲んでいるふりをしながら貸し切りを楽しんで、下車後にビアガーデンに直行する企画を行った。

当会が「TRAIN ROUGE」を貸し切ってイベントを行った時の記念写真

そんな中で、全国各地でラグジュアリートレインブームが巻き起こり、ついに広島電鉄でも飲食可能なイベント電車「ＴＲＡＩＮ　ＲＯＵＧＥ」が、平成28（２０１６）年7月から運行をスタート。元大阪市電７６８号の中扉を撤去し、内装・外装ともに大幅改良した車両。外装は、赤と黒を基調とし、内装はブラック調でシックな雰囲気に。広々とした車内には窓のほうを向いて座れるような配置でテーブルと座席がセットされ、落ち着きのある照明で、ビールサーバーで注がれた生ビールを楽しむことができる。

あえて言わせてもらうのであれば、申し込みが最少催行人数に達しなかったら運休してしまう現在の予約方法は、せっかく楽しみにしていた人にとって逆効果。少人数でも走ることでリピーター需要に繋がるのではないかと思われる。流れる景色と電車を待つ人々への優越感が、最高のアトラクションなのだから。

●150形

2軸単車としては最後まで残った形式だが、時代とともに休車に。唯一、江波車庫内に保存されていた156号が、昭和62（1987）年にビューゲルからZパンタに載せ替え、営業可能な状態になっている。その後、ごく短い間に営業運転されたものの、車体の不燃対策の関係で、それ以来江波車庫から出ることはない。平成24（2012）年の開業100周年イベントでは、江波車庫から千田車庫に回送されるものと思われていたが、その時にも江波車庫の屋根の下に引っ込んだまま。156号は、登場時の車体ではないものの、走行可能な2軸単車としては非常に貴重な存在とされ、「蝶よ花よ」とまではいかないだろうが、江波車庫内にて箱入り娘になっている。

●2000形（2004-2005号）

2000形（2004-2005号）。残念ながら傷みが目立つ

荒手車庫の奥に、休車したピンク色の連結電車が留置されている。これが、2000形電車。かつて2000形は、2001号から2009号まで9両存在していた。その後、2001号を除く8両が永久連結されて、2000形2両連結電車が4編成生まれた。

休車扱いだが車庫内ですら自走は不可能。広島電鉄に残る唯一の連結車両で、甲高いモーター音と、つり革が奏でるメロディーが特徴のこの車両。PASPY導入とともに引退したものの、いまだにファンも多い電車でもある。車庫の熟練工の手により、奇跡の復活となることを祈らずにはいられない。

●70形（ドルトムント電車）

昭和34（1959）年製で、ドイツ・ドルトムント市を実際に走行していた電車を、広島電鉄が購入。昭和57（1982）年から、平成20（2008）年まで営業運行して、市民に親しまれていた。

電車内には、ドルトムント時代の路線図やチケットキャンセラーのイラストもそのまま貼られ、北国ドイツの良く効く暖房はそのままに、日本向けのクーラー搭載や、車掌台といった日本仕様の改装が施され、市内線と宮島線の直通運用に投入されている。独特な運転操作方法と、強烈な揺れ。何より3扉（最後尾の扉は締め切り）による偏った混雑など苦労も多く、早い段階で運用を外れ、顔見世興行的な日中の臨時便や「SATTOステーション」の貸し切り運用にシフト。現役引退後の平成24（2012）年、広島電鉄開業100周年記念事業として千田町のスーパーの前で「トランヴェール・エクスプレス」と名を変え、静態保存型レストラン電車として活用されたものの、短期のうちに営業は休止されて、平成29（2017）年についに姿を消した。ところが、平成30（2018）年4月にオープンしたアウトレットモール「THE　OUTLETS　HIROSHIMA」内に、参加型プロジェクションマッピングの題材として見事に復活。ドイツや広島だけでなく、ニューヨークや果ては宇宙まで「ワープする路面電車」として、子どもたちの人気を博している。

上＝昭和57（1982）年導入当時のドルトムント電車。写真：交通クリエイト　下＝平成30年春から新たな道を歩み始めたドルトムント電車

●花電車

路面電車の専売特許でもある花電車。広島電鉄の花電車第１号は、大正元（１９１２）年の開業時に、車体に電飾を付けて走った電車で、平成24（２０１２）年の開業１００周年に合わせて当時の姿が再現されている。

派手に飾り付けた電車が街を走ると、一気に祝賀ムードが高まるのは事実。ハノーバー電車にＬＥＤランプを飾り付けて走る、恒例のクリスマス電車も花電車と言えるし、元神戸市電の５８２号が選挙広報や交通安全運動ＰＲで走るのも花電車のひとつ。

広島電鉄の花電車専用車両と言えば「貸51号」。元大阪市電の759号を改造した車両で、後述するカープ優勝花電車、特に平成28（2016）年の花電車は、25年ぶりのリーグ優勝と言うこともあって注目の的となり、応援歌「それ行けカープ」を響かせながら、

大正元（1912）年の広島電鉄開通記念花電車の絵葉書
（所蔵：広島市公文書館）

昭和34（1959）年宮島ロープウェイ開業時の花電車

平成28（2016）年のカープ25年ぶりの優勝を祝う花電車

街中を駆け巡って優勝祝賀ムードを盛り上げていたのは、記憶に新しいところ。ただし、花電車は昔のほうが派手で、残されている写真で見ても、気合の入りようが違って見える。背景には、昨今、景観や騒音の制約もあるのかもしれないが、広島の花電車はとにかく頑張っている。ただ、路面電車好きから言わせれば、函館の花電車にちょっと負けている感じもする。次のカープ優勝では、いったいどんな花電車になるのかも楽しみだ。

●ラッピング広告電車

ラッピングとはフィルムを車体に貼ることで、色落ちが抑えられると同時に、広告掲載期間終了後はフィルムをはがすことで原状復帰を容易にする仕組み。平成11（1999）年に、広島電鉄初の超低床電車5000形（グリーンムーバー）がドイツから輸入され、調整や乗務員の習熟のために行われていた試運転期間中は、窓も含めて全面が黒いフィルムを貼ってラッピングされ（正面窓は除く）、本来の姿が隠されて、ファンの間では「BLACK　MOVER」と呼ばれていた。

また、ラッピング広告電車ではないが、「広島が誇る三大プロ」広島東洋カープ、サンフレッチェ広島、広島交響楽団を盛り上げて応援する意味で、球団のキャラクターやロゴ

まさかの京浜急行ラッピング、京急半端ない

をラッピングした「カープ電車」「サンフレッチェ電車」「広響電車」を運行している。さらに、平成26（2014）年から、広島市を拠点とする女子サッカーチームのアンジュヴィオレ、平成29（2017）年からはプロバスケットボールチームの広島ドラゴンフライズの応援企画として、「アンジュヴィオレ電車」「ドラゴンフライズ電車」を運行して、カープとサンフレッチェを含めて地域のスポーツ振興に取り組んでいる。そして、平成30年（2018）年春に登場した京急ラッピング電車も大注目だ。

その他車両にまつわるエトセトラ

●車体色公募・六十五周年の目玉企画

市内電車開業65周年を迎えた昭和52（1977）年、広島電鉄は電車の車体色を塗り替えることを決め、同年9月から公募している。

当時、塗り替えようとしていたのは、宮島線の高床車、直通車および広告電車を除いた74両。具体的には、他都市から移籍した、旧大阪市電19両、旧神戸市電27両および西鉄福岡市内電車3両、ならびにそれまでの広電カラー25両が対象となった。応募作品は11月20日に審査し、特選、入選、佳作を選び、特選に入った2〜3点を電車にモデル塗装した後、その中で市民に一番好評なものを広電カラーとして統一することも検討していたという話もある。

実際、応募作品は、全国から集まって、その数は実に667点に上り、その中から特選5点が11月23日に江波車庫構内で開催された「路面電車開業65周年記念式典」で発表され表彰、特選作品のデザインをまとった電車3両の顔見せ運転も行われている。

しかし、このカラーの統一は実現しなかった。その理由としては、市民の間から、これまで通り他都市のカラーで走らせればいいのではないかという反対の声などが多数寄せられたから……といった話もあるが不明。当時、モータリゼーションの進行で、各地の路面電車が姿を消す中にあって転勤族や旅行客の郷愁をもたらすとともに、「動く路面電車博物館」の異名で多くの人々に親しまれているという理由もあったのではないだろうか。

路面電車では希少性の高い網棚

●車両の機能性

・網棚色々

一般的な電車や、地下鉄を走る電車にあるのが、手荷物を載せる便利な棚。路面電車には通常棚がない。その理由としては、平均乗車時間が短いからだとか。ただし、同じ路面電車でも5100形グリーンムーバーマックスや1000形グリーンムーバーレックスには棚がある。グリーンムーバーレックスの棚なんて小さいのが2つだけだが、台車部分の座席には荷物を乗せられるので十分なのだろう。ではいったい、なぜマックスやレックスに棚があるのか。それは、両車両とも鉄道線を走行可能な車両だから。もちろん、宮島線を走る車両には棚が付いている。その棚といっても素材はいろいろあって、紐網棚・金網棚・パイプ棚・アクリルや木製の板棚とバリエーション豊富。３１０１号と３１０２号は、２５００形からの改造種車の違いから、パイプ棚と紐網棚が混在している。

・つり革色々

吊り革や吊り輪ともいう。これもまたバリエーション豊富で、他社からの移籍車両が多い広島電鉄は、長さ、形、向き、色、吊架部様式もさまざま。特に注目して欲しいのは、元神戸市電５８２号。つり革を支えるパイプの固定具は、神戸市電らしいエレガントさを感じさせてくれる。３５０形の固定具には合図紐を通す穴と、紐の動きをよくするための滑車も見られる。

紐穴が残る350形（上）とモダンなテイストの元神戸市電582号（下）

コラム

路面電車区間を走る鉄道車両（高床車）

過去には千田車庫での点検のため、宮島線専用の鉄道車両が市内線を走行したことがあった。片運転台の車両が進行方向側に運転台がある場合は、連結を切り離しているので連結面丸見え。逆の場合は、2001号に牽引されて市内線を走行していた。2001号が高床車両を連結牽引する場合は、強度が補強され段違いになった専用連結棒を使用。2001号は通常の差込口に連結棒を差して連結ピンで固定。一方の高床車両は連結器の下側（ナックルの下）に固定する。2001号の圧縮空気で高床車のブレーキも作動するように貫通制動を施しての連結だった。

1081号を牽引する2001号。袋町電停

斬新なサービスへの取り組み

昭和30（1955）年に新製された550形の1両に「香水発生装置」が搭載されたと、社内報に記されている。いかなる装置だったのか、いつまであったのか、今や謎だが、乗客向けサービスの工夫と試行であったのは確か。ただ、人の好みはさまざまで、洗濯洗剤や柔軟剤による「香害」に苦しむ人も少なくない今日なら非難が巻き起こるサービスかもしれないが、交通機関での香りのサービスというのは珍しいものだろう。

昨今、東京メトロでBGMが試みられたようだが、路線バス事業者の中には、アイドリングストップ時の車内に静かなBGMが流れるようにしている例もあるから、今後も想像を絶するサービスの工夫が出てくる可能性もあるかもしれない。

一時期存在した香水電車

4号線

市内線徹底解剖

路線を知って乗りこなせば立派な広島人

広島電鉄の路面電車は、大きく分けると2つ。市内線と呼ばれる区間と宮島線と呼ばれる区間だ。この2つの区間に8つの運行系統と78の電停と駅がある。しかしこれはあくまで旅客案内上の分け方で、正式には7つの路線と76の電停と駅だ。

そこでこの章では、この中の市内線について、あらゆる角度から見て、紹介する。

路線を知ろう

まずは、慣らし運転の意味を込めて、全ての路線について整理してみる。さしあたっては、運行系統の整理からで、以下の通り。

1号線　広島駅―紙屋町東―皆実町六丁目―広島港（宇品）
2号線　広島駅―紙屋町東西―土橋―広電西広島（己斐）―広電宮島口
3号線　広電西広島（己斐）―紙屋町西―皆実町六丁目―広島港（宇品）
4号線　欠番
5号線　広島駅―比治山下―皆実町六丁目―広島港（宇品）

6号線　広島駅―紙屋町東西―土橋―江波
7号線　横川駅―十日市町―紙屋町西―広電本社前
8号線　横川駅―十日市町―土橋―江波
9号線　（江波―）八丁堀―白島

一方、正式な路線名と区間は次の通り。

本線　広島駅―紙屋町―土橋―広電西広島（己斐）
宇品線　紙屋町―皆実町六丁目―広島港（宇品）
皆実線　的場町―比治山下―皆実町六丁目
江波線　土橋―江波
横川線　十日市町―横川駅
白島線　八丁堀―白島
宮島線　広電西広島（己斐）―広電宮島口

つまり、東西を横断する2号線の市内線区間が本線で、2号線の鉄道線区間が宮島線。残りの路線は本線から分岐する形で定義されている。これらを踏まえると、運行系統ごとの路線は次のようになる。

1号線　本線―宇品線
2号線　本線―宮島線
3号線　本線―宇品線
4号線　欠番
5号線　本線―皆実線―宇品線
6号線　本線―江波線
7号線　横川線―本線―宇品線
8号線　横川線―本線―江波線
9号線　（江波線―本線―）白島線

紙屋町電停は旅客案内上、紙屋町東と紙屋町西で電停名を分けているが、電停の正式名称は紙屋町である。

以前は、紙屋町東、紙屋町西の両電停は、どちらも紙屋町として営業していた。そのため、乗客が迷わないように、西側は「そごう・バスセンター前」、東側は「広電ビル前」

と続けてアナウンスを付け加えていたのである。こうしたことが、冒頭に記した電停数が合わない理由のひとつだが、ではもう一つはどこになるのか。

それは、路線図を見ても掲載されていないので電停にカウントするべきかどうかは悩ましいが、それは競艇場前だ。これは、広電宮島口の手前にある宮島競艇場の利用者用に設置されている臨時停車場。以前は宮島競艇場の開催日に限って営業していたが、平成27（2015）年2月に「パルボート宮島」という外向発売所がオープンしてからは他の競艇場のナイターレースを含む舟券販売が行われるようになり、それによって競艇場前もほぼ毎日8時～21時頃まで営業。早朝深夜以外は全ての列車が停車し、通常駅とあまり変わりがないのだ。

競艇場前は広電宮島口駅構内にあり、正式には広電宮島口駅の一部として捉えられている。広電宮島口の場内信号が競艇場前の手前にあり、ダイヤが乱れて広電宮島口のホームに電車が全て入線している場合、場内信号で停止した電車は競艇場前の手前で待つことになる。

続いては、電停の駅番号について。広島電鉄では駅ナンバリングを採用している。

本線　M1（広島駅）―M19（広電西広島〈己斐〉）

宇品線　Ｍ９（紙屋町東）、Ｕ１（本通）―Ｕ18（広島港〈宇品〉）
皆実線　Ｈ３（的場町）―Ｈ９（皆実町六丁目）
江波線　Ｍ13（土橋）、Ｅ１（舟入町）―Ｅ６（江波）
横川線　Ｙ１（十日市町）―Ｙ５（横川駅）
白島線　Ｗ１（八丁堀）―Ｗ５（白島）
宮島線　Ｍ19（広電西広島〈己斐〉）―Ｍ39（広電宮島口）

路線が分岐する電停で同じナンバーを使用する場合と、別のナンバーを使用する場合があることにお気づきだろうか。前者は本線と江波線が分岐する土橋（Ｍ13）で、後者は本線と横川線が分岐する十日市町（Ｍ12・Ｙ１）。これはホームを共用しているかどうかの違いとなる。的場町では皆実線の分岐で専用のホームがあるが、Ｈ３から始まっている。これはイレギュラーな振り方だが、５系統は通称比治山線として運転され、広島駅においても専用ホームを使用することから、比治山線のＨを用いて広島駅からの通番にしたようだ。一方で、頭文字がＨの白島線が英訳されてＷになっているのは皮肉ともいえる。

系統番号「4」も「10」も存在した

先述した路面電車の運行系統番号の中で「4」がないのはなぜなのか。病院などでは忌み番号として「死」を連想させる「4」と「苦」に通ずる「9」を避けることがあるが、果たしてこれらの類いなのか。

しかし「9号線」の方は白島線に使われて、白島と八丁堀または江波間の系統となっている。ではいったいなぜ「4」は存在しないのか。実は「4」は過去に存在していた系統番号である。存在していたのは、系統番号が始まった昭和33（1958）年から昭和40年代にかけてと推測される。

路線は、千田車庫を出庫して広電本社前から南下、皆実町六丁目を左折して皆実線を北上。さらに、広島駅に到着後、八丁堀へ向かい、紙屋町、市役所前と南下する出庫系統だった模様。乗務員の間では「シゴウセン」と呼ばれていたようで、白地に赤文字の系統板が、乗務員養成所の資料室に保存されている。ほかにも系統番号は、1～9を超えた「10」も使われたことがある。こちらは、昭和33（1958）年春に開催された広島復興大博覧会の会期中に運転された、広島駅・皆実・宇品・本線を循環する臨時系統（広島駅―比治山下―皆実町六丁目―広電本社前―紙屋町―八丁堀―広島駅）。この路線の逆回りが「4」

で、出庫系統としてその後もしばらく残ったようだ。

車両数日本一の底力

全国各地で走っていた路面電車の車両が、数多く集まってきたことについては、これまでに触れてきたが、路面電車ファンにとって広島電鉄の魅力とはいったい何なのか。それは、この本のサブタイトルにもなっている、車種と車両数の多さだ。

25車種298両（135両・編成）とは、広島電鉄の線路上に存在する車両数であり、各地に保存されている車両は含まれていない。

135両の内、実際に車庫から出ることのない休車扱いの電車は、「156」「907」「2004-5」「3501」の4両。さらに、「101」（大正形）、「238」（ハノーバー）、「653」（被爆電車）、「768」（トランルージュ）、「貸51」（花電車）の5両はイベント用だ。つまり、営業車両としては、135から上記の12を引いた、123両になる。また、定期点検や故障などもあり、必ずしも全車両が常に運行可能車両ということではない。広島電鉄のカンパニープロフィールには、「一日平均15万7000人を輸送する日本一といわれる広島の路面電車」と明記されており、実際どのような運行なのか、とある初夏の平日の運行状況を調べてみた。＊平成30（２０１８）年春時点。

　始発電車が早朝5時11分に出発。以降、各車庫や宮島口に夜間留置されていた電車など、続々と出発。

　始発から1時間後の6時15分には、41本も運行している。

　いよいよ朝の通勤通学ラッシュに。この1時間で運行本数は、倍以上の91本に。

　実に１０８本もの車両が運行している。この時間がピークなのは73年前の8月6日も変わらなかっただろう。この8時15分は、広島の人にとって、決して忘れることのない時刻。最も人が動く時間に、原爆は炸裂。被爆当時の車両配置図（P40）を参照。

　朝のラッシュはピークを越え、徐々にベース時間帯へと向かっている。

　この日の最大運行は、１２３両中１０８両が運行していた。次頁の表に示した１０８両全てが、複雑な道路状況や天候や季節や曜日の影響を受けるなか、何事もないように毎日走っているこの状況。被爆電車や京都、大阪、神戸、福岡からの移籍電車など、車歴50年を超えた電車もフル出動している。この１０８両は、いってしまうならばＪＲ四国を越える乗客数の輸送を担っている。その背景には、車両だけではなく、運行を管理する者、車

車種と車両数一覧

100形	101	1900形	1901-1915
200形	238	2000形	2004-5
150形	156	3000形	3002-3004 3007-3008
350形	351-353	3100形	3101-3103
580形	582	3500形	3501
600形	602	3700形	3701-3705
650形	651-653	3800形	3801-3809
700形	701-707 711-714	3900形	3901-3908
750形	762 768	3950形	3951-3956
800形	801-814	5000形	5001-5012
900形	907 910-914	5100形	5101-5110
1000形	1001-1014	貨50形	貨51
1150形	1156		

両や施設を管理する者、つまり広電で働いている人が対応できる体制にいるからということも忘れてはいけない。被爆後、たった3日で電車を走らせた精神が、いまも広島の動脈として路面電車を走らせている。ただ、数だけでいっているのではなく、これが広島電鉄の底力。だからこそ、広島電鉄の路面電車は、日本一の路面電車ともいえるのだ。

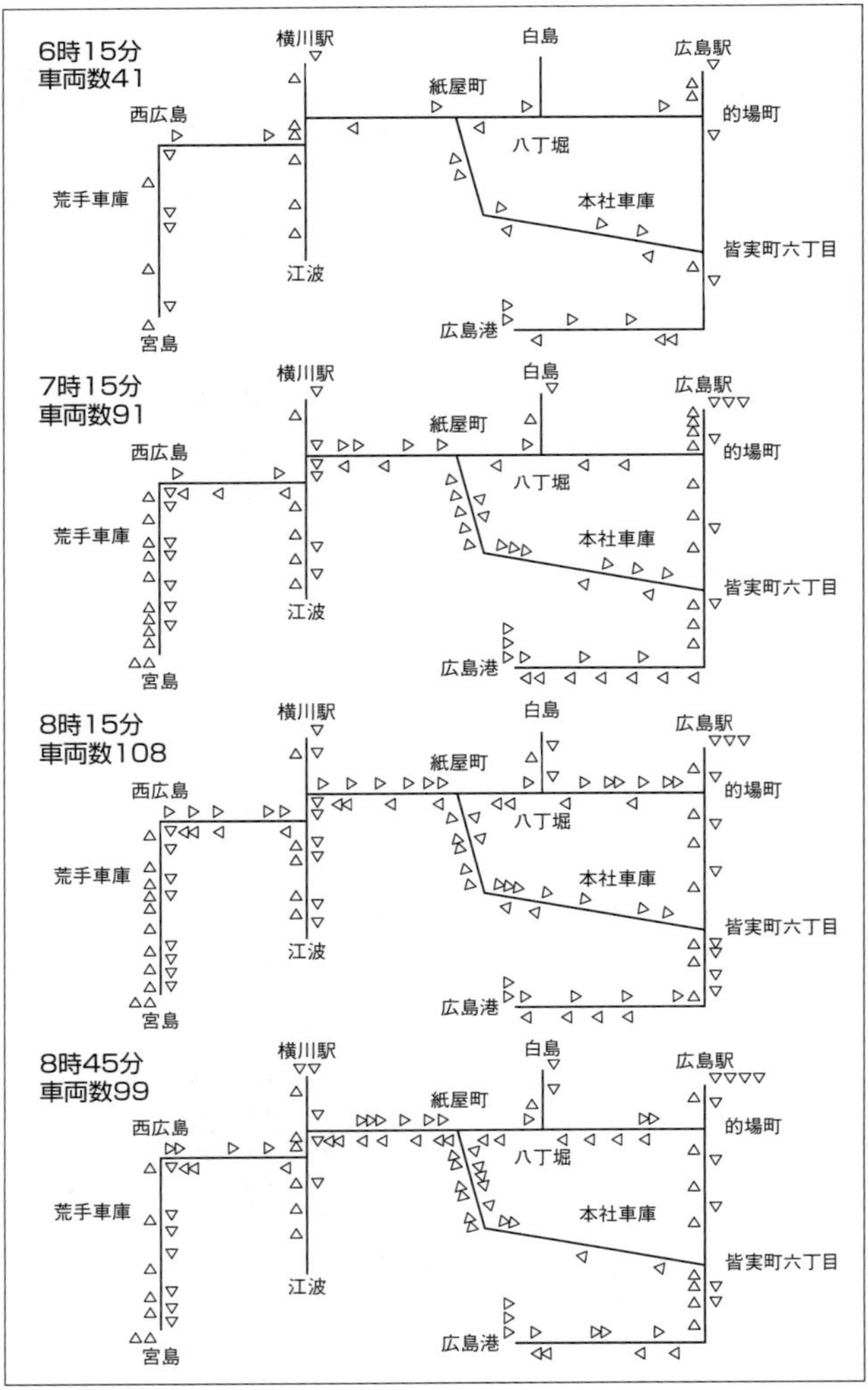
6時15分
車両数41
7時15分
車両数91
8時15分
車両数108
8時45分
車両数99
横川駅
白島
広島駅
紙屋町
的場町
西広島
八丁堀
荒手車庫
本社車庫
皆実町六丁目
江波
宮島
広島港

最長駅間・最短駅間

78ある電停・駅の中でも、最も駅間が長いのはどこで、逆に短いのはどこなのか。趣の異なる市内線と宮島線、それぞれを紹介する。

市内線の最長は、福島町―広電西広島（己斐）間の0・7km、最短は胡町―八丁堀間の0・1km。宮島線の最長は2つあり、地御前―阿品東間と広電阿品―広電宮島口間の1・5km。最短も2つあり、東高須―高須間と宮内―JA広島病院前間の0・4kmである。

市内線の最短である胡町―八丁堀間は、どちらの電停も上りと下りのホームが交差点を挟んで斜《はす》向かいに設置され、交差点の手前に電停がある形。従って、胡町の上りホームと八丁堀のホームは非常に近接しており、その距離は10mほどしかない。

宮島線の駅間で1km以上あるのは、20区間中わずか5区間。新駅が誕生して1km未満の駅間が少しずつ増えている。なお、現在の最長区間タイである広電阿品―広電宮島口間だが、広電阿品は新設駅なので、かつては阿品東（旧阿品）―広電宮島口（旧広電宮島）が2・2kmでダントツの最長駅間だった。

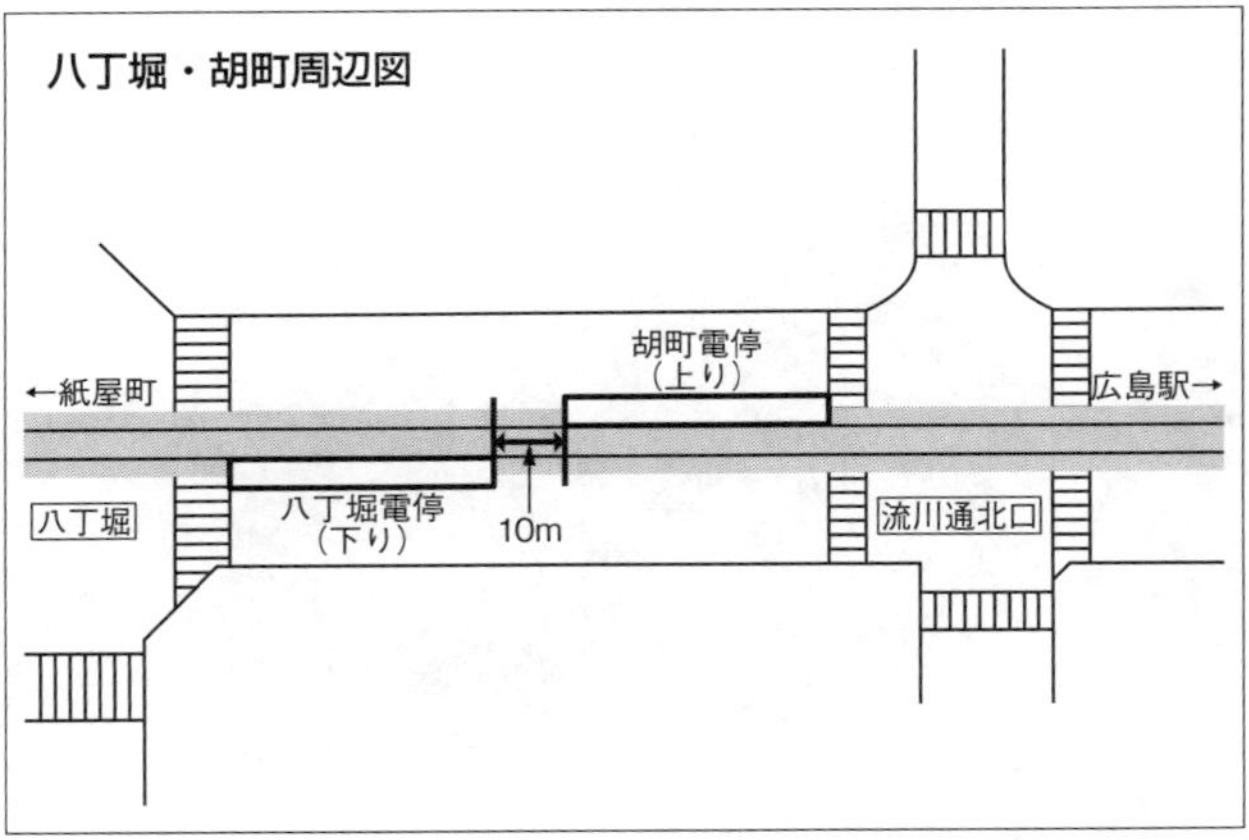

胡町－八丁堀間の最短状況を説明した図（上）とその風景（下）

小網町・最後の平面電停

本線と江波線が分岐する土橋。西広島方面の電車はここで右折して細い道へ入っていく。道路は1車線ずつの車道に複線の線路。幅員は結構広いが、細く見えるのは不思議な光景でもある。小網

最後の平面電停でもある小網町では、旅行者の驚きの声が聞こえることも

町は、道路にペイントされただけの電停だ。電停の看板は電柱に括《くく》り付けられている。昭和末期には、小網町から観音町まで各停留所のほか、宇品線にもいくつかこのような平面電停が残っていたが、現在、平面電停として残っているのは小網町のみ。

単なる白線の枠だった乗り場にカラー舗装が施されるなどの改良は加えられている。電柱に括り付けられている電停の看板も更新され、駅ナンバリングにも対応している。

古き佳き路面電車のスタイルを今に伝えるという意味では貴重だが、超低床電車をもってしても乗降に段差が発生する不便さもある。今後の変化をフォローしていくのも一興だ。

広電本社前電停リニューアル

平成29（2017）年11月から、広電本社前電停の工事が開始され、横断歩道や車線数を変えるほどの大幅なリニューアル工事が行われた。リニューアルのポイントは以下の通り。

生まれ変わった広電本社前電停

■ホームの拡幅

従来の約1・3mから約3mに拡幅。平成24（2012）年に発表された広島電鉄の「電車サービス向上計画」に従って順次ホームの拡幅が行われており、それでも幅員は1・5～2m。この広電前電停のリニューアルは、これを大きく上回る拡幅のため、上下3車線の車道が上下2車線に減設されている。

■ホームの延長

従来（下り）25m、（上り）29mだったホームの長さを、上下共に48mに延長。全長30mの5100形グリーンムーバーマックスと、全長約14m弱の単車が同時に停車・客扱いが可能となる長さが確保された。

■待合所の設置

従来では考えられなかった、冷暖房完備の待合所が設置されている。これまでの幅員の狭い電停ではベンチを置くことさえもままならず、立って電車を待つことが当たり前。電停によっては、雨よけの上屋さえ充分ではない。それだけに空調完備の待合所というのは画期的である。

■バス停と併用

軌道敷内にバスを乗り入れさせて同じホームでバスと電車を乗り換え可能にするプランもある。このプランは軌道敷内通行可の認可を得る必要があり、実現にはもうしばらく時間がかかりそうだ。

以上は、先述した小網町の平面電停と対極にある電停の話。今後全ての電停がこのような立派なものになるわけではなく、道路幅員や利用者数などの各種条件をベストミックスした最適な電停に順次更新されていくことに期待が寄せられる。

難読電停

日本の鉄道路線には、数多くの難読駅名がある。広島電鉄の電停名や駅名にも、普段生

	読み間違え	正 解
猿猴橋町	さるこうばしちょう	えんこうばしちょう
胡町	こまち	えびすちょう
銀山町	ぎんざんちょう	かなやまちょう
白島	しらしま・しらとり	はくしま
中電前	なかでんまえ	ちゅうでんまえ
土橋	つちはし	どばし
江波	えなみ	えば
皆実町六丁目	かいじつまち	みなみまち
舟入幸町	ふねいりこうまち・ゆきまち	ふないりさいわいちょう
己斐	かひ	こい

活している広島市民にとっては普通でも、旅行者などにはちょっと分かりにくいものもあるようだ。一部を表にしてみた。

ほかにも紙屋町《かみやちょう》が「かみやまち」、立町《たてまち》が「たちまち」、袋町《ふくろまち》が「ふくろちょう」など、ある意味仕方がないなと思える読み間違えもある。

ちなみに、己斐については、地元の『己斐公民館30周年記念誌』に次のように書かれている。

【駅名の由来】

己斐《こい》という地名は、類例のないくらい珍しくまた難読である。このため古くから交通の要衝であり、また広島市であるにもかかわらず知名度が低く発展を阻害されている。このためにも駅名を「西広島」に改称して知名度を向上し地域の発展を願うことから、駅名改称運動が展開され、昭和44（1969）年10月1日駅名改称により名実ともに広島市の西の玄関となった。

そんな西の玄関となった西広島は、橋上駅化と十数年後のアストラムライン延伸や広電西広島駅との一体整備で、今後はさらなる進化を遂げることが約束されている。

広島駅のポイント転換は日本一!?

複数の運行路線が入り交じる広島の路面電車。運行時刻ダイヤは決まっていても、交通信号や道路状況、他の路線、あるいは乗客の乗降時間などの不確定要素も多く、バスと違って追い抜きもできないので、時間通りに電車が走るのは不思議といっても過言ではない。

例えば、広島駅電停の時刻表を見てみると、平日の朝8時台の運行本数は31本。当然、同数到着するので60分間に64本の発着があることになる。しかも、連接車と単車が入り交じって。この密度でも驚くのに、遅れての到着や路線の順番が前後しての到着など不安定要素がたくさんある。さらに、交通信号サイクルの中で、2分20秒ごとにしか発着のタイミングがやってこない。広島駅の信号担当者は、目の前の電車を捌《さば》きつつ、さらにその先も読んで対応しないといけない。たくさんの電車が到着し、広島駅からたくさんの乗換客がやってきて、それらをよどみなく処理し、ダイヤに従って発車させる。信号取り扱いをする人は、きっとテトリスなどの落ちものゲームが上手なんだろうなどと勝手に連想してしまう。

調べたことはないが、広島駅電停のポイントは日本で一番稼働するポイントなのかもしれない。

信号塔、残っています

十日市交差点の南西の角に、今も残る信号塔（通称鳥の巣）。かつて信号所として、この内部でのスイッチ操作によってポイントが切り替えられていた。昭和30（１９５５）年から、切り替えが自動化され、現在はＡＲＣ（自動進路制御装置）により無人になったものの、当初の目的である交差点を通行する電車の安全を管理する役目は、何ひとつ変わっていない。また同様の施設が、紙屋町交差点にもあり、平成10（１９９８）年まで使用されていたが、平成13（２００１）年、同エリアに誕生した広島初の地下街「紙屋町シャレオ」の建設に伴ない撤去された。

信号施設ではないが、白島線の終点となる白島電停がある白島交差点南西の「萬行寺」の一角には、ピストン運行する白島線2両に乗る乗務員のための休憩場所がある。

橋の前後の勾配

鉄道の急勾配といえば、信越本線が碓氷峠を越えていた時の66・7‰が有名。しかしこれは鉄道としての勾配。勾配に強い自動車と同じ道路上を走る路面電車も、時に驚くほどの勾配を走る。広島県で最初に営業を開始した呉市営の路面電車は、呉市街と広地区の間に横たわる休山を越える峠道を走っていた。

“鳥の巣”とも呼ばれている十日市の信号塔

広島電鉄の走る広島市旧市街地は、太田川の三角洲に形成されているので地形的な標高差はないが、難敵なのが6本の川だ。川には水害対策のために堤防があり、その川を渡る橋は堤防の上にある。というわけで、路面電車は川を渡る時に「橋」という小さな山を登り下りしている。現在、広島電鉄の市内線は、7本の橋で川を渡っている。これらの様子を確認してみよう。

【荒神橋】（約80m）

唯一戦前に架けられた被爆橋梁。東詰では荒神三差路で広島駅へ向けてのカーブ、西詰では的場交差点で皆実線の分岐があり、橋へのアプローチが非常に短いのが特徴。特に、皆実線から右カーブで橋へアプローチする線路はカーブの外側が低くなる所謂「逆バンク」になっている。カーブでスピードが出せないまま上り勾配に入るため、旧型の単車は運転に苦労するという。

【稲荷大橋】（約87m）

2番目に古い橋。橋へのアプローチは直線で、橋の前後約80mが勾配である。稲荷町―銀山町間は距離が比較的長く、稲荷町交差点の手前にある下りホームから発車した電車はスピードに乗って橋へアタック。制限速度いっぱいで走る稲荷大橋は、分岐と信号のために必ず停車する荒神橋とは対照的なシーンとなっている。

荒神橋（南区）の勾配。ここが市内線の最急勾配だ

【相生橋】（約123m）

いわずと知れた、原爆投下目標となったT字構造の珍しい橋。架替の際にセンターポール化され、近代的なイメージになっている。本川と元安川の分流地点のために橋長が少し長く、その分アーチ構造も大きめである。橋の前後約100mが勾配で、原爆ドーム前の電停は勾配の途中にある。

【広電天満橋】（約65m）

市内線では唯一の専用橋で、敷石はなくレールは橋の構造体に直接固定されている。橋長が短いこともあり、橋の前後約40mが勾配。こちらも市内線で唯一となる安全地帯のない小網町電停は、アプローチ勾配の途中にある。

【新己斐橋】（約281m）

太田川の治水によってデルタを構成する7本の川を6本にした際、一番西側が放水路になった。放水路は通常時に水が流れるエリアだけでなく、河川敷として大きなバッファが確保され、堤防も高いものが設けられている。そのため、橋長は約281mもある。勾配は福島町側が約100m、広電西広島側は約50mだが、駅自体がすでに少し高い位置にある。

【御幸橋】（約157m）

市内線で最も新しい橋で、かつ最も南側にある。京橋川の終点に近いことから橋長は第2位となっている。橋の前後約100mが勾配で、西側は御幸橋電停、東側は猫田記念体育館付近から勾配が始まっている。

【横川新橋】（約68m）

太田川から天満川が分岐したところを渡っているためか橋長は短く、橋の前後約50mが勾配。乗車していると勾配をあまり感じることはないが、写真を撮るとアプローチが短い分、勾配が際立って感じることができる。

実際の勾配はどの程度なのか気になるところ。スマートフォンの傾斜計を利用して測定したところ、荒神橋の西詰で約35‰だった。その他サンプリング的に測定したがほぼ20～30‰の間である。碓氷峠ほど急ではないものの、鉄軌道としては急な勾配であることには違いない。

表定速度ってご存知ですか?

電車が走行する上でもうひとつ忘れてはいけないのが、路面電車の走る速度。

一般的に、ある区間の停車時間も含めた平均速度が、表定速度と呼ばれている。例えば、新大阪から博多までの新幹線の表定速度は、「のぞみ」だと時速２５０㎞ほどだが、「こだま」だと時速１３０㎞程度まで下がる。つまり、停車駅が増え、停車時間が長くなれば表定速度は下がるのだ。

路面電車についても同じことで、表定速度を下げている原因は停車時間ともいえる。道路上を運行する路面電車は、交通信号で止まるし、電停では乗降のために停車する。これをもとに現在の広島電鉄の表定速度を調べてみた。

上の表は2号線の最短とベース時間帯とラッシュ時間帯の表定速度である。最短とラッ

2号線広電西広島～広島駅（5.6km）			参考1	参考2
	所要時分	表定速度	江波線の始発電車 江波～土橋間（2.6km） 所要時分　15分 表定速度　12.99km/h	広電宮島線（鉄道）のベース時間帯 西広島～宮島口間（16.1km） 所要時分　34分 表定速度　28.4km/h
最短	31分	10.45km/h		
ベース時	33分	9.81km/h		
ラッシュ時	37分	8.75km/h		

シュ時では6分も所要時間が違うが、これはラッシュ時間帯の需要に応えるために相当な車両数を投入した影響からだと推測される。

また、江波線始発電車の表定速度を本線にあてはめると、広島駅―広電西広島間は約26分で到達できることになる。一般的にＬＲＴの表定速度は時速15km程度必要とされているので、それだと広島駅―広電西広島は約23分で到達できることになる。もしそれが実現すると、のろのろ走る路面電車のイメージは大きく変わるだろう。

ちなみに、日本鉄道運転協会発行の『運転協会誌』昭和49（1974）年8月号に掲載された、奥窪央雄電車部長（当時。のちの広島電鉄社長）の論文内に記載されている表定速度は、2号線が時速11・4kmで8号線はなんと時速14・6kmとなっている。

車両の大型化に伴う電停への入線制限や、交差点での通過制限など運行上の制約も増え、ワンマン化で降車口が減少したことによる停車時間の延長など、昔とは運行環境も違うので表定速度を上げるのは困難かもしれない。遅れの原因である停車時間を短縮し、安定した運行を確保するためには信用乗車制度の導入がカギとなるのではないだろうか。

ポイント切り替えの仕組みと苦労

電車の進路を変えるポイント。広島駅や広電西広島などでは、操車係と呼ばれる専門の担当者が連動盤のテコを倒して転換しているが、その他の分岐個所ではいったいどうやって、誰がポイントの切り替えを行っているのか。

運行初期の頃は、各分岐箇所に「転轍係」を配置して手動転換でポイントを切り替えていたが、昭和26（1951）年からは「トロリーコンタクター」（以下トロコン）を使うようになった。

これは、架線に取り付けられた装置から延びる打棒をパンタグラフが叩くことで、進路を決める装置。例えば、分岐箇所手前の架線にトロコンを10m間隔で3器設置し、一つ目をパンタグラフが叩くことで電車の進入が検知される。そこで停車すれば進路は直進となり、数秒以内に二つ目を叩けば進路は曲線側に分岐となる。確定した状態で、信号に従って電車を進め、三つ目をパンタグラフが叩くことで、その分岐箇所に電車が進入したことになるので、分岐箇所を抜けた先の解錠トロコンを叩くまでは他の電車に対する信号は現示されず、分岐箇所での事故を防ぐことができる。このトロコンを使った選別方式はいくつか方法があって、他社では交互に点滅している表示機が、自分が進みたい方向を示す時にトロコンを叩くことで進路選別を行っているところもある。

広島電鉄のトロコン選別方式では、電車の先頭とパンタグラフの位置関係が重要となる。連接の大型電車には、パンタグラフが２基設置されているが、常に進行方向側のパンタグラフだけを上げた状態で運行しなければならない。また、車両特性の関係からパンタグラフの取り付け位置に微妙な違いがあり、運転士は分岐箇所の停止位置に合わせて停止する場合、電車の形式を頭に入れて停車する必要がある。例えば写真のように、グリーンムーバーレックス１０００形と３１００形とでは、パンタグラフの位置関係が異なっている。

トロコン制御に加えて、近年は車両にタグを持たせて分岐選別をコントロールする「ARC制御」が活用されている。車外の中扉の上に小さな四角い箱のようなものが取り付けられているのにお気づきだろうか。分岐箇所や始発駅に設置されたアンテナの横を電車が通り抜ける瞬間、車両のアンテナに運行情報を書き込み、分岐箇所ではそれを読み取り信号現示を行っている。トロコンより優れているのは、先行電車の車両長も把握し電停長と車両長を判断し、場合によっては入線信号を現示しない仕組みになっている。

グリーンムーバーレックス1000形（上）と3100形（下）を比較して見ると、パンタグラフの位置が異なるのがよく分かる

初めてロケーションシステムが導入された頃、紙屋町電停に混雑状況表示機が設置され「早」「接」「離」を表示して、電車の運行間隔の平均化が進められようとしたが、うまく機能することはなかった。これからはモノのインターネット「IoT」時代。将来は、分岐箇所での選別だけでなく、分岐箇所での抑止や入線順序付けなど運行管理全般を行う時代が来るのかもしれない。

市内線　主な電停ガイド

【広島駅】

広島の玄関口。再開発進行中の新幹線口側に対し、南口は駅ビルの建て替えや駅前大橋線での路面電車乗り入れを控え、今後の動きに注目。

【猿猴橋町】

「えっもう着いたの、ちかーぃ」と観光客が声をあげる、猿猴橋町電停。駅前大橋線の開業とともに廃止される予定。名前の由来となる猿猴橋は電停の西側にある猿猴川に架かる橋で近年、四隅の親柱に地球儀をつかんで羽ばたく大鷹の像が復元された。

【的場町・稲荷町】

的場町は、駅前大橋線が開業時に猿猴橋方向の路線が廃止される代わりに循環線が作られるため、稲荷町方向に接続される。稲荷町の由来となる稲生神社は、火災除けの守護といわれる。駅前大橋線でもっとも変化するのが稲荷町交差点。旧本線は循環線として残り、松川町側から皆実線が入る。

【八丁堀・立町】

名前の由来は広島城の外濠。紙屋町と並び広島を代表する繁華街で、白島線の八丁堀電停近くには旧鉄砲町電停跡と、350円のサービストンカツランチで有名な店もある。立町は、近くに第二広電ビルがあったが、隣の日本生命ビルと合体する形でスタートラムビルを建設。ビルには路面電車の線路を使ったアクセントもある。

【紙屋町東西】

広島の中心地。広島センタービルの3階にはバスセンターが、地下にはアストラムラインも走り、交通の中心地でもある。昔は交差点内の線路の内側、デルタ部分に電停や信号所があり、3方向の乗り換えは今より便利だった。

【原爆ドーム前】

爆心地近くにあった旧産業奨励館を原爆ドームとして世界平和のために保全しているとても大切な場所。かつて広島東洋カープの本拠地だった、旧広島市民球場跡地前でもあり、球場移転後もカープファンの聖地として訪れる人があとを絶たない。カープ初優勝を記念した「勝鯉の森」には、セントラルリーグ優勝記念碑と日本選手権シリーズ優勝記念碑があり、平成30（2018）年に亡くなられた衣笠祥雄さんの世界新記録達成記念・連続2131連続試合出場達成記念碑がある。

【本川町・十日市町】

本川町は旧左官町で、横川へ向かう線路と堺町から土橋を通り己斐に向かう線路の分岐箇所。近くの本川小学校は、校内に平和資料館が設けられている。十日市町は、7号線復活で電停の配置が変更され、交差点の北と東と南に電停が分散。

【小網町・天満町・西観音町・福島町】

小網町は、平面電停の項を参照。天満町は、毎年8月24・25日に広島の夏を締めくくるともいわれる天神祭が行われ、電停のある交差点から天満宮までが歩行者天国となり夜店も並んで賑わう。西観音町・福島町電停近くには、専門学校や西区役所、福島生協病院などがある。

【広電西広島】

植木と盆栽の町としても知られる、己斐地区の玄関口。児童文学書『ズッコケ三人組』シリーズの作者、那須正幹氏の生まれ育った町でもあり、舞台となった花山町は己斐がモデル。JR西広島駅前にはモニュメントもある。

【本通】

電停の東西に延びる本通商店街は、いつも賑やかで人通りが絶えない。電停には路面電車車両を紹介するイラストが描かれている。

【袋町】

被爆した旧日本銀行広島支店の重厚な建物が目の前。裏手には、江戸時代の儒学者・頼山陽の史跡資料館が。袋町小学校平和資料館には、被爆当時の安否を訪ねる伝言が残る。

一方で、おしゃれなショップや飲食店が並び若者の注目スポット「うらぶくろ」もすぐ。

【鷹野橋】

広島城の濠から海まで流れていた西塔川に架かっていた鷹野橋が由来。歩道橋は、川船をイメージして船底形。近くのたかの橋商店街には、日本で初めてモーニングサービスを出した喫茶店もある。

【広電本社前・御幸橋】

広電本社前は、電停リニューアルの項を参照。御幸橋電停の由来である御幸橋の西詰には「原爆被災説明板」があり、被爆3時間後にここで撮影された写真を見ることができる。

【皆実町六丁目】

近くにバレーボールJTサンダースの本拠地、猫田記念体育館がある。広島市出身で、世界一のセッターと言われた猫田勝敏氏の偉業を記念して建設され、館内には功績の数々を伝えるギャラリーも。

【海岸通】

花火大会では閉鎖され、南側に仮設電停を設置し多客輸送に対応。付近にはかつて鉄道局が存在し、軍事的にも重要だった国鉄宇品線のさまざまな業務を担当していたという。

その国鉄宇品線の日本一長いというプラットホームも近年まで残っていたが、広島南道路の建設で今はモニュメントしか残っていない。

【広島港（宇品）】

広島の海の玄関口。広島港宇品旅客ターミナルからは、松山へ行くスーパージェットや江田島や能美島への航路が出ている。松山へ行くフェリーだけは、旧ターミナル側から出ている。平成15（2003）年に建てられた新しい電停はターミナルにふさわしく3線3面のホームをもち、大屋根に覆われた開放的な空間を吹き抜ける風が心地よい。

【段原一丁目・比治山下】

段原一丁目は段原大畑町から改称。比治山下は、広島市現代美術館や広島市まんが図書館の最寄り電停。駅前大橋線開業時には、比治山町交差点から、松川町へ向けて広島駅行き電車は進むことになる。

【女学院前・縮景園前】

女学院前は、ミッションスクールとして古い歴史を持つ広島女学院中学・高校の最寄り電停。縮景園前は、国の名勝に指定されている縮景園と県立美術館の最寄り電停。

【白島】

白島線をピストン運行する2両の乗務員は、交代で休憩。その乗務員詰所は交差点に横にある萬行寺の一角にある。

【横川】

横川線開業時は横川駅東交差点の先にあった三篠電停が終点だった。横川駅前には、初の国産乗合バスを記念して復元された「かよこバス」が展示されている。電停周辺の横川商店街は、まちおこし活動が活発で、時間を忘れて過ごせる街。

【江波】

当初は江波口。電停すぐそばの中央分離帯には、人を化かしても悪事をすることがなかったので、地元の人から親しまれているという「おさん狐」の像がある。

電車待ちの強い味方・電車接近表示装置

通称「ロケーションシステム」は、昭和55（1980）年、広島駅－己斐（現・広電西広島）間で運用が開始されている。ロケーションシステムは、架線にトロコンを取り付け、その打棒をパンタグラフが叩くことで電車の位置を検知するシステム。当初は行先や電車の接近を知らせるだけのものだったが、近年、装置が高度化されて、英語での表示や電車到着までの大まかな時間、単車・連接・低床などの種別表示、さらに文字スクロールによる広報告知機能と、電車を利用する上で欠かせないものとなっている。平成30（2018）年3月28日にリニューアルされた広電本社前電停では、従来のLED表示器に加え、新しく大型液晶表示器も設置されている。

電車接近表示は、「9分→7分→5分→まもなく（約3分）→まもなく（点滅）」と変化し、まもなくの点滅と同時に音声でも行先を含めた電車の接近を知らせている。

広島電鉄では、電車接近情報を携帯端末からも検索できるように情報提供しており、車いす利用者などが超低床車両の情報をよく活用されているとか。

平成20（2008）年には、国土交通省による電車情報活用実験が行われ、軌道に埋め込んだひずみセンサーによる混雑情報の提供などが実験されている。

コラム

路面電車まつりと広島のイベント輸送

平成7（1995）年10月に広島市で開催された「第2回全国路面電車サミット」の席上で、路面電車の公共性・利便性を広くPRし、利用促進および種々のキャンペーン活動をすることを目的に、路電「ろ（6）でん（10）」の語呂合わせから、6月10日が「路面電車の日」に決まった。

そして翌年からは、路面電車の公共・利便性を広くPRするイベント「路面電車まつり」を開催。平成30（2018）年で、第23回を迎えたこのイベント。毎年6月10日前後の日曜日に、千田車庫を会場に開かれ、路面電車ファンのみならず、地域密着のイベントとして定着している。

会場内の電車部品のコーナーは、開場前から行列ができるなど、グッズ販売コーナーも大人気。毎年恒例の写生大会では、大好きな電車を描こうと子どもたちが一生懸命だ。また、秋の鉄道の日（10月14日）には、この写生大会の力作が車内一杯に展示された絵画電車「てっぴー号」が運行されている。さらに、鉄道友の会や日本路面電車同好会の人たちも鉄道模型やペーパークラフトで満員盛況の大忙し。普段入ることができない、車庫の工場部分の見学も可能で、定期点検で分解されている部品や、ピットと呼ばれる通路から電車の床下の様子を見たり、ちょっとした疑問にも車庫の専門家が分かりやすく解説してくれたりしている。車種も多く、車齢の高い電車も多い広島の路面電車。整備点検する車庫の車両整備担当の方々の苦労は相当なものだと思われる。このような人たちがいなければ、路面電車が元気よく走り続けることはできなかったと考えられる。そんな縁の下の力持ちさんたちにとっても、子供たちと触れあえる路面電車まつりは、きっと大切なイベントになっているはず。

当会も、以前は、路面電車まつりにスタッフとして携わった経験があるのはもちろん、最近では「勝手に前日祭」と称して、貸切電車を運行しビンゴ大会を行ったり、沿線散策とビアガーデンで路面電車談義大会なども行ったりしている。そんな路面電車ファンにとっても、この路面電車まつりは、決して外すことのできないお祭りだ。

余談になるが、数えて23回も続いている路面電車まつりだが、いつも梅雨入り前後の6月開催なので雨が心配される。ところが、過去を振り返っても、雨に降られたことは滅多にない。路面電車まつりの熱気に、お天気も圧倒されているのかもしれない。

さて、もうひとつ。広島で「まつり」といえば、「フラワーフェスティバル」や「とうかさん」「えびす講」が有名だ。毎年5月の3～5日の3連休に開かれるフラワーフェス

イベント輸送時における臨時電車へ乗車の風景

ティバルは3日間で150万人前後も訪れる、日本でもトップクラスの動員数を誇るイベントで、広島電鉄も特別ダイヤを組んで、臨時便を大増発している。パレードが行われる平和大通りには路面電車も横切っており、周辺の電停には営業部門だけでなく、車庫や保線関係の社員まで総動員して万全の体制で、路面電車の安全安定運行が守られている。それでも夕方になると車両渋滞が発生し、広島駅を先頭に入線待ちの電車の列が延び、撮り鉄ファンにはたまらない状態に。

6月に開かれるとうかさんや11月のえびす講は、夜が賑やかで、路面電車は終電車間際まで臨時便を増発している。また、7月下旬に広島市南区宇品で開かれる「広島みなと　夢花火大会」と、8月の「宮島水中花火大会」でも、特別ダイヤを編成。広島みなと　夢花火大会では、荒手車庫所属の直通用車両が1号線や5号線で運行され、花火大会を目指す乗客もだが、撮り鉄も集結しての大撮影会の様相を呈している。

こうした、祭りや花火大会などのイベントに対応する能力に優れているのも、地域密着型の広島電鉄の特色のひとつでもある。それは、旧広島市民球場時代の「ナイター輸送」で、鍛え上げられたのかもしれない。

広島電鉄と広島東洋カープ

広島の街と切り離すことのできない存在なのが、プロ野球チーム・広島東洋カープで、広島電鉄とも大きな繋がりがあるのは、いうまでもない。

市民球団といわれる広島東洋カープと広島電鉄との切り離すことのできない縁の始まりは、球団が創設された昭和25（1950）年から。当時の路面電車の運転士たちが、電車の警鈴や鍋のふたなどを楽器にして応援する「広電カープ応援団」を結成。カープ私設応援団の原点として、その名前を変えながら昭和45（1970）年まで活動している。

また、昭和27（1952）年から第3代社長を務めた伊藤信之氏は、昭和31（1956）年から4年間、広島東洋カープのオーナーも務めている。

このような繋がりは、昭和50（1975）年のカープ初優勝をきっかけに新たな結びつきへと変わっていく。広島電鉄では、優勝を記念した花電車を運行。営業車両の側面に大きな看板を設置して運行し、昭和54（1979）年からの初めてのリーグ連覇の際には、屋根のない貨50形を使用し、大きな鯉が飾られた花電車が走っている。平成28（2016）年のリーグ優勝時には、25年ぶりに花電車が運行され、前回の連覇の際に使用された貨50形が再び登場。街中を走行する際、あちらこちらで市民がシャッターを切っていたのはいうまでもない。その光景は、2度目の連覇を達成した平成29（2017）年も見ることができた。

また、優勝時には記念乗車券も発売。優勝を遂げるたびに、記念乗車券や最近では記念PASPYも発売されて、路面電車ファンのみならず、カープファンからも注目を集めている。

さらに、その繋がりは優勝時に留まらず、シーズン中も専用ラッピングだけでなく車内も飾り付けたカープ電車が走り、選手の案内放送（平成18〈2006〉年から3年間監督だったマーティ・ブラウン監督による原爆ドーム前車内放送が第1号）も聞けるし、マスコットキャラクターのカープ坊やが、広島電鉄の制服を着ている姿が描かれたカープコラボグッズも販売。他にも、平成28（2016）年7月には、路面電車の吊革にマツダスタジアムで使用できるビール引き換え券を1万枚ぶらさげる企画を市内線と宮島線で実施したところ、いずれもわずか数時間でなくなる盛況ぶり。マツダスタジアムに移転した今となっては、聞くことができないが、かつて、旧広島市民球場時代は車内にまで歓声や球場アナウンスが響き、その音に乗客が沸き立っていた時代から含めて、路面電車とカープも切り離すことができない縁で繋がっているといえる。

だるま転轍機《てんてつき》のメーカーを探る

鉄道線路において、線路を分岐させて、車両の進路を選択する機構が転轍機。車庫内では車両の入換をするときに転轍機のハンドルを持ち上げて、反対側に倒すことでポイントを転換する。ハンドル部分に付いている円盤状の重しにより、ポイントを安定的に密着させるが、その重し部分の印象から「だるま」転轍機と呼ばれている。だるま転轍機は機械的にポイントを密着しているわけではないので、ポイントの通過速度には制限があり、低速でしか通れない。

だるま転轍機には、製造メーカー名が刻印されたものがあり、「横河」や「梅鉢」「長谷川」などを見ることができる。「梅鉢」は、大正11（1922）年の宮島線開業時に走った広島瓦斯電軌C形電車を作った梅鉢鉄工所（後の帝国車輌工業）のこと。「長谷川」は刻印を見ると「東京　月島　長谷川工場製」と書かれており、数年前まで江波車庫内に「合名会社月島電機工作所」と刻印されただるま転轍機があったので、同じ月島なので何か繋がりがあるのかもしれない。現在、「東京　月島　長谷川工場製」と刻印

千田車庫にある「東京・月島　長谷川工場製」のだるま転轍機（上）と、荒手車庫内にある梅鉢製のだるま転轍機（下）

されただるま転轍機は千田車庫の出庫口に設置されており、毎日たくさんの電車が通過し、何度も転換されているバリバリ現役の転轍機でもある。しかし残念ながら、広島電鉄の場合、だるま転轍機は車庫の中でしか見ることができない。

油塗ります

レールに油を塗ると、ツルツル滑って大変危険。市内線の西観音町や福島町付近、あるいは比治山下付近は、秋になると街路樹の落ち葉でスリップが多発。路面電車に乗っていると、運転席の列車無線スピーカーから「落ち葉によるスリップ注意」が聞こえてくる。

この事態に、路面電車では対策を図っており、スリップしたら砂を撒いたり、最近ではセラジェットというセラミック粒子を噴射してスリップや空転を防止したりしている。この点から見ても、レールに油を塗るなんて危険な行為と考えがちだが、広島電鉄ではレールに油を塗っているところがある。

路面電車は交差点などで、半径の小さい曲線を曲がる。曲線部では、脱線を防ぐためにガードレール（道路にあるガードレールとは違う）と呼ばれる脱線防止護輪軌条が、内軌側のレールに寄り添うように敷かれている。安全のためのガードレールだが、車輪の背中側とガードレールが擦れると「キーン」と耳障りな音を響かせてしまう。その音を防ぐために、ガードレールに油を塗っているのだ。保線係員が刷毛を使って手作業で油を塗っているところもあるが、広島電鉄ではオリジナルの自動塗油装置というのも使用している。それは、レールとガードレールの間に、ペダルのようなものが取り付けられて、それを電車の車輪のフランジと呼ばれる部分が踏むと、ガードレールに油が流れ出てくるように作られている。その仕組みは……というと、実は石油ストーブに灯油を注ぐときに使う、お馴染みのポンプが仕込まれていて、フランジがペダルを踏むとポンプが作動し油が出てくるのだ。単純だが、よく考えられている。カーブの直前で耳を澄ましていると、床の下からフランジがペダルを押す「カチンカチン」という音が聞こえてくるはず。普段は気づかない音の風景を、ぜひ楽しんで欲しい。

自動塗油装置

5号線

広電と広島・宮島

市内線と異なる宮島線の魅力とは

ガタン、ゴトン……。市内線とは違う、路面電車の揺れを感じながら、ぼぉ〜っと波穏やかな瀬戸内海を左手に眺めていると、緑に覆われた島・宮島が徐々にその姿を現してくる。広電西広島を出発して、およそ30分で広電宮島口に到着。ビルに囲まれた中を走る市内線とは違った雰囲気の宮島線。その違いは、ただ雰囲気だけではない。この章では、そんな宮島線の特徴について触れてみる。

2つの世界遺産を結ぶ

現在、広島県内には2つの世界遺産がある。核兵器の惨禍を伝える建築物であり、時代を超えて核兵器の廃絶と恒久平和の大切さを世界に訴えるシンボルである「原爆ドーム」。そして、12世紀に平清盛によって造営された、海を敷地とした大胆で独創的な配置構成、平安時代の寝殿造りの粋を極めた日本屈指の名社である「嚴島神社」。ともに平成8（1996）年12月にユネスコの世界遺産（文化遺産）に登録されている。

そして、この2つの世界遺産を一度に訪ねられる路線が、広島電鉄にはある。それは、広島駅から広電宮島口を結ぶ2号線。広島駅からおよそ20分で原爆ドーム前に到着。そこからさらに宮島線を経由して50分ほど走ると広電宮島口だ。宮島口桟橋から広電グループの宮島松大汽船に乗り換えると宮島桟橋へと繋がっている。もう嚴島神社は目前である。加えて、嚴島神社裏手の紅葉谷公園入口から宮島ロープウエーの紅葉谷駅まで無料送迎バスが走っており、ロープウエーに乗って獅子岩駅まで行けば、弥山の頂上近くまで行くことができる。

海沿いを走る宮島線

宮島線といえば、やはり車窓からゆったりとした瀬戸内海が眺められること。その背景には、宮島線は明治期以降の埋め立て地（新開）の上を走る区間が大部分を占めているからなのだ。広電西広島駅を出て麻紡《あさぼう》踏切を過ぎる辺りから、草津駅付近まで、草津南駅から楽々園駅の西側までも、ところどころもとから陸地だったところを走るものの、大半は埋め立て地だ。

廿日市以西も、宮島線の海側に寺や神社が限られた場所にしかないのは、もともとは海だった証拠ともいえる。大正11（1922）年の開業から昭和6（1931）年の宮島線全通までに、宮島線のために埋め立てられた草津南―修大附属鈴峯前間と、阿《あ》品《じな》東《ひがし》駅から競艇場前の区間では、線路脇に防波堤跡を見ることができる。

右上の写真は、宮島線開業1年前の昭和5（1930）年、赤崎上空から捉えた宮島口の様子。右下部分に開業に向けて埋め立てをしている様子がうかがえる。右下の写真は、井口海岸付近（現在の商工センター周辺）を走る電車。路線のすぐそばが海だったことがよく分かる。隣頁上の写真は、昭和10（1935）年頃、宮島を望む風景。埋め立ても終わり、線路も整備されているが、その周りにはほとんど何もない。下は、昭和42（1967）年、上の写真の撮影場所から少し東方面に戻った現在の広電阿品駅辺りから宮島方面を撮った様子。国道2号と

古くから赤崎と呼ばれていた宮島口上空からの昭和5年の様子（提供：佐久間進）（上）。海岸線を走る電車がのどかな雰囲気を醸し出している（下）

ほぼ同じ角度から宮島口方面を見ると、年を重ねることに開けていくのがよく分かる。上は昭和10年頃、下は昭和42年撮影。（提供：谷口行雄）

並走する形で宮島線が走り、右手奥には、その前年昭和41（1966）年に宮島口に開業したばかりの宮島タワーを見ることができる。

広電西広島の鉄軌道分界点

路面電車のイメージが強い広島電鉄だが、意外と知られていない事実がある。それは、広電西広島駅と広電宮島口駅を結ぶ広電宮島線は、路面電車の走る「軌道」ではなくＪＲと同じ「鉄道」だということ。

現在の宮島線は路面電車タイプの車両が、広島駅―広電宮島口間を直通運転。原爆ドーム前から路面電車に乗ったら、そのまま乗り換えることなく一気に広電宮島口まで行くことができる。車窓からの景色が、いつの間にか道路の真ん中を走らなくなり、踏切があったりスピードが上がったり……。また、その逆もあって、広電宮島口駅から路面電車に乗ったら、チンチン電車なのに意外と速いねなどと思っていると、いつの間にかゆっくりになって車窓は街の色合いが濃くなる。気がつけば、電車を降りたら道のど真ん中……なんてことも。

広島駅と広電西広島（己斐）を結ぶのが広島電鉄の路面電車の本線。広電西広島駅から広電宮島口駅を結ぶのが、鉄道の宮島線なのだ。もともとは、本線の己斐電停と宮島線の西広島駅は、少し離れた別々の施設。保守用の線路こそ繋がっていたものの、鉄道用の車両を使う宮島線と路面電車とでは車両の大きさが全く違い、鉄道の宮島線の最高速度は時速60km、路面電車の最高速度は時速40kmと異なっている。

その本線と宮島線の乗り換え不便解消のため、昭和37（1962）年から正式に始まったのが「直通運転」。鉄道用の大型車両を市内線に入れるという方式ではなく、路面電車が宮島線に乗り入れる方式を採用したので、高速運転に対応した路面電車形の車両が新造されて、宮島線には鉄道車両用ホームの横に路面電車形車両用の低いホームが作られた。

現在、鉄道用の大型車両は全て引退し、宮島線には路面電車形の車両しか走っていない。しかし数カ所だが鉄道用の高床式ホームが残っており、車窓からも確認できる。

では、鉄道と路面電車（軌道）の境目はどこにあるのか。実は、平成13（2001）年、広電西広島駅が大屋根の下に一体化された時、整備の都合からか広電西広島駅は軌道として整備されている。この駅を出発する宮島線は、本来なら「出発進行」と喚呼するべきところだが、そこにあるのは鉄道用の信号機ではなく、路面電車用の矢印信号。運転士は「信号よし」と喚呼して、西広島駅を出発している。乗車した際は、よく注意して聞いてみると面白い。その後、出発してすぐ目の前に小さな踏切があり、その踏切のすぐ横に分界点と書かれた白い標識が立っている。これが鉄道と軌道の境目で、ここから先が鉄道。つまり、広電西広島駅は広電西広島電停ということになり、以降は「○○駅」となる。

鉄道と路面電車の境目となる分界点

コラム

急行運転

平成15（2003）年5月24日付の地元紙・中国新聞に宮島線の急行運転計画が報道された。記事によれば、荒手車庫付近と広電廿日市駅東付近に待避線を作って、そこを通過する電車を運行すれば、宮島線内を6分短縮する効果があるとされている。しかし残念ながら、その急行運転計画は実現していない。現在、広島電鉄は市内線の速達性を高めるための駅前大橋線（P204参照）に注力しており、宮島線の急行運転計画は報道が先走った感が否めない。

しかしかつて宮島線では、急行が運転された記録が残っている。昭和30年代後半のことで、追い越し設備がないことから先行列車に急行が追いついてしまい、長続きはしなかった模様。

現在の修大付属鈴峯－井口間を走行する2000形急行電車

広島電鉄発行の『広島の路面電車65年』には、急行ヘッドマークを付けた2500形電車が荒手車庫付近の上り線を走行している写真が掲載されている。

当時の資料より読み解く超高密度運転

広島電鉄宮島線の昭和33（1958）年11月20日の列車運行状況表（いわゆる時刻表ダイヤ）をじっくり観察して見ると、高度経済成長期の通勤通学需要に対応するためか、かなりアクロバティックな運行を行っていたことが分かる。

例えば、西広島駅の朝7時台の下り出発便を見てみると、実に、19本もの列車が出発している。そのうち4列車は「併結」と記載されている。この「併結」

出発時刻	行先	車号	備考
7：03	五日市	1015	
：05	廿日市	1021	
：08	草津	1061	
：10	五日市	1013・1014	併結
：15	廿日市	1011・1012	併結
：18	五日市	1041	
：20	草津	1061	
：23	廿日市	1018	
：25	五日市	1016	
：28	草津	851	直通
：33	草津	852	直通
：35	五日市	1022・1024	併結
：38	廿日市	1054	
：40	草津	1061	
：43	五日市	1015	
：48	草津	853	直通
：50	五日市	1013・1014	併結
：53	廿日市	1051	
：58	五日市	1041	

とは、電車を2両連結している状態を示す。しかし、最前部の運転台から2両を動かす「総括制御」ではない。それぞれに運転士と車掌が乗務し、合図ブザーと警笛を使ってタイミングを合わせて進行し、ブレーキも合図ブザーでタイミングを合わせて停車させるという高難度運転。そんな「併結」電車も含めての出発が19列車。ほぼ同数の到着電車もあるので、到着後数分で折り返し出発していく発着密度は驚異的な数字になる。

しかも、この表には宮島行が記載されていない。どうやら宮島行は別の運行状況表に記載されていた模様。つまり、この密度に加えて、宮島行も運行していたということになる。

列車運行状況表

昭和33年11月20日 木曜日　天候　西広島駅

昭和33（1958）年当時の列車運行状況表

宮島線には本格的な駅舎があった

広電西広島駅と広電宮島口駅以外は無人駅が目につく宮島線だが、かつて草津駅、五日市駅、楽々園駅、廿日市駅には駅長も配置されて、駅舎には待合室や出札窓口や売店もあって、列車別改札を行っていた。

乗客はみんな、切符を買った後は待合室で待ち、列車が接近してくると駅員が改札口に立ち「はい、下りみやじまー」と声をかけながら、切符に鋏を入れていた古き佳き時代。駅員は泊まり勤務だったので、近所の方との交流も生まれ、夕食のおかずを頂戴したり、子供の宿題を手伝ったりしていた、という話も聞いた。

そんな、人の温かさを感じることのできる宮島線のかつて存在した駅舎について紹介する。

・広電西広島駅

かつては、市内線の己斐電停の横に宮島線の駅が存在。市内線と線路は繋がっていたが、あくまでも鉄道用車両を千田車庫に移動させる時のみ使用。己斐電停には駅舎はなく、到着した電車が折り返すだけの簡単な設備に、草津名物の大石餅の店や茶屋などがあり賑わっていた。当時は隣接する国鉄の駅名は己斐駅であり、宮島線の西広島駅は広電を冠しておらず、鉄道部門の拠点として事務所を兼ねた立派な駅舎があり、切符売り場や売店が存在した。また、宮島線用の車庫である己斐車庫があった。宮島線が開業する前の西方面への移動方法は馬車や人力車が主な手段だった。宮島線が開業後馬車の車庫、つまり馬小屋跡が己斐車庫になったといわれている。

その後、己斐車庫は荒手車庫へ移転、市内線と宮島線の直通運転開始により己斐電停と西広島駅が一体化されたが、それでも己斐と西広島はそれぞれに停車する変則的な取り扱いを行っていた。そして、現在の大屋根の下に市内線と宮島線のホームが並ぶようになったのは、平成13（２００１）年のこと。今後、西広島地区はアストラムラインの西広島延伸に向け周辺の再開発が計画されており、昭和39（１９６４）年建設のひろでん会館も平成30（２０１８）年の今年取り壊されて、広電西広島もまた新たな形に生まれ変わり始めている。

昭和10（1935）年頃の、己斐駅前の風景を描いた絵画『己斐駅前の風景』（下村儀三作。広島平和記念資料館所蔵）

・草津駅

大正13（１９２４）年4月の廿日市延伸開業までの一時期には始終点で、ホームは3面存在。駅長も配置されれて、売店もある駅舎が存在した。今も周辺には、ホームの名残が残っている。駅舎は、残念ながら昭和46（1971）年に火災で焼失し、跡地は駐車場になっている。

・広電五日市駅

JR五日市駅と隣接する現在地に移設されるまでは、現在より西側に位置。木造の大型駅舎には、売店や駅事務室、出札窓口や改札口があった。引き込み線もあって、車両も留置されていたことも。五日市折り返し運転も頻繁に行われていたので、その名残のように現在の駅の西側にも折り返し線がある。現在は、五日市折り返しを行う運用がなく、折り返し線が使われることは滅多にない。また、旧広電五日市駅の下り低床ホームが、今も残されている。

木造の大型駅舎だった広電五日市駅

・楽々園駅

昭和11（1936）年に開業し、昭和46（1971）年に閉鎖するまでにぎわった「楽々園遊園地」の玄関駅として、おしゃれな駅舎で話題に。駅名や駅の位置などは、何度も変わっているが、楽々園の海水浴場が賑やかだった頃は、引き込み線もあって楽々園行き列車も走ったこともある。有人駅として、売店や出札窓口も。駅舎は昭和55（1980）年に発生した火災で焼失し、現在は駅ビルとして建て替えられている。無人駅だが、広島工業大学やショッピングモールなどで乗降客も多く、出札窓口は定期券売り場として残っている。

・広電廿日市駅

昭和42（1967）年当時の楽々園駅前の様子（上）。解体前の広電廿日市駅（下）

かつては、駅員も常駐する堂々たる有人駅で、廿日市折り返し列車も頻繁に運行されていた。売店や出札窓口、改札口もあり待合室はいつも賑やかな雰囲気。宮内串戸や阿品といったＪＲの駅がなかった頃は、宮島線と国鉄・ＪＲとの乗換駅として、ラッシュ時は混雑し、売店の新聞も飛ぶように売れたとか。開業時からの木造駅舎は、残念ながら平成

25（2013）年に取り壊しに。直前の平成24（2012）年9月に広島電鉄宮島線乗務員有志と共同で駅舎さよならイベントも開かれた。

・広電宮島口駅

現在も駅員が常駐し、3線ある引き込み線には車両も留置されて、広島電鉄全線を通して、今もここにだけは、改札口や券売機が設置されている。1番ホームには、防波堤跡が残されており、宮島航路と接続する桟橋があった往時を思い浮かべることができる。

　駅舎のある駅とセットだった売店も、現在はこの広電宮島口駅に残すのみ。その売店の役割は、今ではコンビニエンスストアに取って代わられたということであろう。最後に残った広電グッズが揃う売店も、宮島口の港湾再整備と

昭和29（1954）年宮島口に停車する車両

昭和33（1958）年、宮島口に隣接する形で桟橋に停泊する乙姫丸。右の防波堤跡が今も

広電宮島口駅の移設によって、フェリーターミナル内の商業施設に取って代わられることになるのだろうか。

踏切名から歴史を探る

市内線とは違って、鉄道である宮島線には踏切があるのも一つの特徴。そして、その踏切にはひとつひとつ名前が付いている。住所表示の変更などで昔の地名が失われつつある中、踏切名にはしっかりと地名が残って、歴史を探ることができるのもまた面白い。踏切の名前を参考に、当時の面影を探しに沿線を散歩してみるのも、おすすめだ。

昭和37（1962）年頃、現在の競艇場付近の様子。左手に見える建物は宮島車庫

「別れの茶屋踏切」

西広島−東高須間。別れの茶屋とは、広島城下を離れ西国街道を下っていく旅人と、見送りに来た人との別れの場所。今も名残の店がある。この踏切はバス路線だった時期もあり、当時は踏切警守小屋があり、人が立って警戒していた。

昭和20（1945）年までこの地にあった「日本麻紡績」の様子。当時の給水塔は、現在も隣接する浜田樹苗園に残る（上）。当時の従業員も通ったとされる踏切（下）

「麻紡踏切」

別れの茶屋踏切のすぐ西側の踏切。往時、日本麻紡績という会社があり、そこで働く人々が、渡った踏切。踏切はその麻紡績の会社名から名付けられている。今でこそ、通行量の少なくひっそりとした踏切だが、当時は宮島線全体で最も渡る人の多い踏切だったとか。絵葉書に当時の様子が描かれている。その絵葉書にも描かれているレンガ造りの給水塔は、現在も己斐ガーデンスクエア内に被爆建物として保存されている。

「樽下《たるした》踏切」

古江駅の西側の踏切。この辺りが樽下新開といわれる埋め立て地だったことから名付けられている。この「樽」は、神功皇后の三韓征伐に由来する「樽ヶ崎宮」より名をいただいているとか。その樽ヶ崎宮は、踏切より400m西の旧西国街道沿いにある。

「荒手踏切」

草津南駅に接する踏切。「荒手」は、宮島線の荒手車庫の由来となる地名で、商工センター入口駅は荒手車庫前駅だったこともあるため、付近の地名と勘違いされやすいが、実は草津南駅付近の地名。草津南駅は、開業時は荒手駅だった。

「湯蓋《ゆぶた》1踏切」

広島の有名な「あまんじゃく伝説」の湯蓋道空《ゆぶたどうくう》が開いた湯蓋新開に出る踏切。『五日市町誌』(下巻)には、その「あまんじゃく伝説」のことが触れられている。

「海老塩浜《かいろうしおはま》踏切」

踏切から400mほどの場所には、かつての塩浜跡が残されている。花見の名所でもある海老山の、西側にある干潟を干拓して作られた塩浜なので海老塩浜と呼ばれている。

「佐方川《さかたかわ》東・西」

今は佐方川であるが、以前は岩戸踏切と名乗っていた。中世期の廿日市には尾の字のつく7つの城(桜尾城・篠尾城・藤掛尾城・越峠尾城・谷宗尾城・宗高尾城、岩戸尾城)があったといわれている。その岩戸尾城があった場所は、現在の山陽女学園。岩戸踏切が佐方川踏切と名称変更になった理由は不明であるが、廿日市の歴史をたどるひとコマでもある。

「弘法《こうぼう》踏切」

今は暗きょになっているが、弘法川が流れている。

「柳庵《りゅうあん》2踏切」

付近を流れる柳庵川から名付けられ、柳庵1踏切は廃止されている。踏切横のJR山陽本線ガード部には、明治期の山陽鉄道時代のレンガ積みを見ることができる。

「赤崎《あかさき》1・2踏切」

厳島の対岸であるこの地域は宮島口と呼ばれるが、それは山陽鉄道が開通し宮島口駅が開業したから。ここは、それ以前の当地の地名をそのまま残す踏切。

共同踏切と踏切の中のホーム

宮島線は、JR山陽本線と並行して走っている。そのため共同踏切も多く、56カ所ある踏切のうち、高須踏切、井口踏切、鈴峯踏切、吉見園踏切、今市川踏切、地御前踏切の6箇所は、JRとの共同踏切になっている。

広電宮島線踏切一覧

駅名	踏切名	駅名	踏切名
広電西広島		楽々園	
	西広島構内		一本松
	桜川		隅之浜
	桜川西1		佐方1
	桜川西2	山陽女子大前	
	別れの茶屋		佐方川東
	麻紡		佐方川西
東高須	東高須		城内1
高須	高須		城内2
	高須西3	広電廿日市	
古江	古江		平良
	樽下		弘法
草津	草津構内		柳庵2
	御幸		可愛川
	御幸川西		可愛川西1
	草津本町		可愛川西2
	草津上町1	廿日市市役所前	平良駅構内
	草津上町2		新宮
	草津南町		串戸
	荒手	宮内	
草津南			宮内
	荒手車庫前構内		御手洗川東
商工センター入口			御手洗川西
井口	井口	JA広島病院前	
	鈴峯		今市川
修大附属鈴峯前		地御前	地御前
	吉見園		地御前南1
広電五日市			地御前南2
	湯蓋1	阿品東	
	海老塩浜	広電阿品	
佐伯区役所前	東古浜2		田尻2
	東古浜3		赤崎1
	西古浜1	競艇場前	
	楽々園構内		赤崎2
		広電宮島口	宮島構内2

広電とJRの共同踏切の数あるひとつ地御前共同踏切。地御前駅は、この踏切と踏切の間に

そのうち、吉見園踏切と今市川踏切を除く4カ所は踏切内に宮島線の上りホームがあり、目の前の電車に乗りたくても接近するＪＲのために遮断機が上がらず乗り遅れることもしばしば。乗り遅れるだけならまだしも、遮断機をくぐり無理に踏切を渡ろうとして事故に遭うケースもある。並行する他社路線と共同で運用する踏切は全国にも見られるが、踏切内にホームがある構造が4カ所もあるのは、かなり珍しい存在。広島電鉄も、事故を防ぐ対策として、ホームの位置を踏切手前から踏切を越えた側に移設したほか、踏切警報音以外にブルーライトを点滅させるなど手を尽くしている。

「田尻2踏切」のゴング

広島電鉄宮島線の広電阿品駅と広電宮島口駅の間にある「田尻2」踏切。ここに「2」

とあるのは、かつてこの地点からやや東側に田尻1踏切が存在したからで、その田尻1踏切は現在廃止されている。

この「田尻2」踏切には、宮島線に数多くある踏切の中で唯一、電鐘《でんしょう》式と呼ばれる警報機が現役で残っている。近年、踏切の警報音は電子音化されて、遮断棒も降下し踏切の遮断動作が完了すると音量が小さくなるなど、付近住民への配慮がなされている。だが、「田尻2」踏切の通行量は非常に少なく、民家からも離れているので、警報音は電子音化されていない。電鐘式とは、電気の力でハンマーを動かし鐘を叩く方式で、「カンカンカン」とも「チンチンチン」とも聞こえる。電鐘式が面白いのは、踏切の上り側と下り側でリズムが違ったり、ハンマーが空振りするのか一音飛ばしたりするところ。電車が通過し遮断機が鳴り終わったと思ったら「カン」とお釣りが鳴り響くこともある。不思議なことに、終電車の後、信号用の電気送電がストップする時に、10回くらい「カンカンカン」と鳴ってし

「田尻２」踏切に残された希少価値の高いゴング

まうこともある。大相撲の結びの一番の打ち止めの拍子木のように鳴らしているのか。この踏切付近はスピードも出ているが、乗車時も気をつけておけば聞くこともできるので、耳を傾けてみてはいかがだろうか。

年代によって高さが異なったプラットホームのために設置されたロケーションシステム

時代とともに変化してきた宮島線のプラットフォーム

宮島線は鉄道車両、つまりＪＲのような床の高い車両で運行されていた。そのためホームも高床式で、市内線と宮島線の直通運転が始まると、路面電車タイプの車両に合わせて低いホームが作られ、すべての駅に高いホームと低いホームが併設された。その頃の子供たちは、次に来る電車がどちらのホームに止まるのかを予想して遊んでいたが、昭和60（１９８５）年代頃から、ホームに列車の接近を知らせる案内装置が取り付けられ、接近する列車の行き先だけでなく、どちらのホームに停まるのかも案内される形に。その後、宮島線から高床車両が引退、高床ホームの低床化工事も行われ、現在は商工センター入口・井口・広電五日市・佐伯区役所前・地御前・阿品東・競艇場前（臨時停車場）に高床ホームが残っている。

宮島線の主な駅について

【東高須・高須】

東高須駅は昭和39（１９６４）年に、地元の要望もあって開業したとか。宮島線開業時からあった隣の高須駅とは４００ｍしか離れていない。ただし、下りホームは踏切手前にあったものを、現在の位置に移設している。

【古江・草津・草津南】

古江は国内有数のいちじくの産地。夏の終わりから秋の初め、朝もぎのいちじくが店頭に並ぶと季節を感じることができる。草津駅は駅舎の項を参照。草津南駅は、開業時の駅名は荒手で、のちに中央魚市場前に変わった。下りホームの裏手は海だったというから驚きだ。その頃には山側に草津梅林があり、今は草津梅ヶ丘という地名で往時を思うのみ。

【商工センター入口・井口・修大附属鈴峯前】

商工センター入口駅はＪＲ新井口駅と接続する。新井口駅は当初新草津駅で計画されていたとか。アルパークやバスケットボールのドラゴンフライズの本拠地、広島サンプラザの最寄り駅。井口は西国街道の難所だった。近くには小己斐明神があり、駅の近くには雁木も残る。修大附属鈴峯前駅は、数年前に駅名が変わったばかりなのだが、２０１９年に学校名がひろしま協創中学校・高等学校に変わるため、駅名も変わると思われる。上りホームの西端は、撮り鉄さんのお立ち台としても有名。

【広電五日市・佐伯区役所前・山陽女子大前・楽々園・山陽女子大前】

広電五日市駅はＪＲ五日市駅との接続駅。上りホームにエレベーターが設置されるとの情報があり、現状では遥か湯蓋踏切を利用しないとならない車椅子の方にとって、待ち望まれる設備である。かつて、広島電鉄の新車は国鉄で運ばれ、五日市駅で宮島線のレールへ乗せ換えられていた。佐伯区役所前駅の北側には、旧海老塩浜堤防跡が残り、中央連鎖街という古いアーケード街もあった。楽々園は駅舎の項を参照。山陽女子大前駅は、学校の要望により設置された駅。そのためか、以前は女学生が駅の清掃活動を続けていた。

【広電廿日市・廿日市市役所前（平良）・宮内】

広電廿日市駅は駅舎の項を参照。お隣の廿日市市役所前駅は、開設当初は平良駅。廿日市各方面を接続するバス乗り場も一体整備された結節点。廿日市市役所に併設の「はつかいち文化センターさくらぴあ」や、けん玉ワールドカップの会場「廿日市市スポーツセンターサンチェリー」へもここから。宮内駅はかつて、トンネルのすぐ西側にあったが、兵器工場への工員輸送のために移設されている。隣の廿日市市役所前駅が交通結節点として整備されるまでは、バスとの接続で多くの乗降者があった。

【JA広島病院前・地御前・阿品東・広電阿品】

JA広島病院前駅は農協が母体となる拠点病院。地御前駅南側へ進むと、厳島神社の外宮として建立された地御前神社があり、旧暦6月17日に近い大潮の日に行われる管絃祭の時は、臨時踏切が整備され御座船と神社との往来が容易に。その臨時踏切の辺りには、かつての臨時駅「地御前海水浴場前」の遺構も。阿品東駅は、鰆浜と呼ばれる地区にある駅で、地御前県病院前と名乗った時期も。眼の前に海が広がりカキの養殖の「かきひび」が並ぶ。かきひびは、カキの幼生を潮の干満により鍛えるためのもので、その後沖のカキいかだに吊るされる。潮干狩りの季節は、周辺はバケツを持った人で賑わう。広電阿品駅は、JR阿品駅との接続駅。かつては田尻駅で、遊園地広島ナタリーがあった。ナタリー全盛期には駅員が配置され、臨時改札口や出札窓口も設置。駅の宮島側には旧田尻駅のホームの一部が残る。駅に接するフジグランナタリー内には、遊園地の象徴でもあった帆船ナタリー号の装備品の一部が、モニュメントとして置かれている。

古レールを求めて

ローカル線などで、ホームの屋根を支える柱や跨線橋に古いレールが使われているのをよく見かけるが、広島電鉄にも歴史の証人「古レール」がある。

広島電鉄は、市内線の開業が大正元（１９１２）年で、宮島線はその10年遅れの大正11（１９２２）年開業。少しずつその数は減らしているものの、宮島線の車窓からところどころ見える緑色の鉄骨。それが、実は大正元年の開業時のレール。段つきレールあるいはステップレールと呼ばれる、路面電車用のレールだ。架線柱は、そのステップレールを複数組み合わせたり、トラスを組むように加工しており、レールには見えないかもしれない。宮島線の架線柱はなかなか近づきにくいが、宇品線にも複数の箇所で歩道に建っているので、機会があれば観察してみてはいかがだろう。

さらに、千田車庫や江波車庫、宮島線の荒手車庫にも古レールはあるが、一般の人はなかなか近づくことはできない。しかし、探してみるともっと身近なところにもいくつか見つかる。広電草津駅の下りホーム。ここには現在使用していないホームがあるが、その屋根を支えるレールはボルコウ・ボーン株式会社（Bolckow, Vaughan & Co.）の１８９３年製のレールで、発注者としてＮＴＫの表示が読み取れる貴重な物。これは、日本鉄道で

古レールを利用している草津駅

使われていたレールのよう。日本鉄道は、現在のＪＲ東日本の東北本線などを建設、運営した会社だ。また、修大附属鈴峯前駅の上りホームに一部だけ残る古い上屋にも、古いレールが使われている。「１８９８」の文字も読めるが、それ以外は厚く塗られた塗装に阻まれて、残念ながら出所は不明。

あと、山陽女子大前駅上りホームにも一部だけ古い上屋が残っている。駅の裏手に回ると上屋を支える柱が古レールで作られており、中にはイギリスのチャーリーズ＝キャンメル社（ＣＡＭＭＥＬＬ）のレールがある。「ＴＯＵＧＨＥＮＥＤ ＳＴＥＥＬ」の文字が読み取れることから１８９０年以前のレールだと考えられる。その他にも、アメリカのカーネギー製鋼会社（CARNEGIE STEEL Co.）やイリノイ製鋼会社（ILLINOIS STEEL Co.）のレールもある。これらのレールは、広電開業の1912年よりもかなり前のレールなので、全て広島には中古としてやって来たと思われる。

一方、新品として広電が発注したレールも残っている。発注者として、当時の社名である広島瓦斯電軌の頭文字をとってHGDが刻まれているのは、ベルギーのウグレー社（OUGREE）のレールで、宮島線開業の年である「1922」の数字が刻印されている。「路面電車まつり」の時には、千田車庫のピットと呼ばれる電車の下にもぐって点検する部分が公開されるが、このピットのレールにもベルギーウグレー社のものが使われているので、年に一度だけだが、間近に見ることができる。

商工センター入口駅から荒手車庫へ向かう通路の柵に使われている古レール

このベルギーからの古レールは、商工センター入口駅から荒手車庫へ向かう細い通路の柵にも使われており、よく見ると刻印が読み取れる。

コラム

草津・蒲鉾・行商人・草津小唄

広島電鉄宮島線は、大正11（1922）年8月22日に、広電西広島駅から草津駅（開業時はそれぞれ己斐町駅、草津町駅）が開業。その2年後に、広電廿日市駅（当時は廿日市町駅）までが開業する。

草津駅まで開業した時には、草津以西の工事も進んでおり、通称城山と呼ばれた安芸草津城址の山に宮島線を通すための、切通し工事が進んでいた。付近にある西楽寺は、墓所内に宮島線が通っていて墓地が分断された形になっている。また、古くから草津駅周辺は漁師町として栄えており、蒲鉾などの加工品を扱う商店の一つ、「草津坂井屋」のご主人から「当時、営んでいた料亭の敷地内に宮島線が通ることになって、草津小唄にも唄われた自慢の桜も伐採された」と伺ったこともある。広島名物・小鰯の立ち売りおばちゃんやカンカンを下げた行商人も草津から市内へと出ていた。

宮島線沿線の行楽地「楽々園」

宮島線にある「楽々園」という名前に、宮島観光の行き帰りで初めて触れた乗客が、インパクトのあるネーミングに少し驚いたようにキョロキョロと辺りを見回して、「すごい名前」「へぇー」といった感想の声を漏らす光景に出くわすことがある。

昭和10（1935）年、三筋川の西側にあった隅ノ浜駅が、「塩浜」駅として現在の地に移設され、翌年には遊園地の開業に合わせて塩浜駅から楽々園駅へと名称変更された。駅名は、その遊園地「楽々園」の名前からネーミングされている。ちなみに、楽々園とは遊園地を開業するにあたり一般から公募した名称で、「電車で楽々行ける遊園地」からネーミングされたとか。また、遊園地を含む付近一帯を埋め立て造成するときに、合わせて海水浴場も整備されたので、「楽々園」は、遊園地と海水浴場が一体となった娯楽施設として、「西の宝塚」を目指していたともいわれている。

遊園地は、広島電鉄（当時は広島瓦斯電気軌道）の直営ということもあって、園内には100形電車の廃車体が台車を外された状態で、何両か置かれていた。戦時中は一時的に閉園されたが、海水浴場は体力向上効果を認められて、当時としては数少ない娯楽の場となっていたとか。開園時からあった温泉施設やプールの他にも、昭和35（1960）年に作られた、当時西日本では初めてのプラネタリウムなどの人気施設もあったものの、残念ながら昭和46（1971）年に閉園に。プラネタリウムと一緒に作られた天文台は、閉園を機に鈴峯女子中高に移設されて、校舎の屋上に現存している。閉園後も、敷地内ではパットパットゴルフが人気を集め、コースを照らす照明を支える柱は古レールが使われていたのも、遊園地時代からの名残だったのかもしれない。

昭和11（1936）年、楽々園開園記念　本館全景 楽々園大プールの絵葉書（所蔵：広島市公文書館）（上）。現在も、鈴峯女子中高に残る天文台の名残

遊園地が閉園し海水浴場もなくなった今では、当時の敷地内にショッピングセンターや家電量販店、ホームセンターなどができて賑わっており、駅から遊園地までの商店街も発展、宮島線有数の乗降客数を誇る拠点駅となっている。近くには天然温泉施設もオープンし、遊園地開園時にあった温泉施設を考える

と、何か縁のようなものを感じてしまう。

また平成28（2016）年には、「楽々園」地名誕生80周年を記念して、地元の有志によりショートムービー『楽々園物語〜80年めのぼくらの町で〜』が制作されるなど、地名とその歴史は地域に深く根差している。このショートムービーはYouTubeで観ることができる。

後払乗車票（JR代行券）

宮島線と並走するJR山陽本線が、何らかの事情により不通となった場合に一部で登場するのが後払乗車票、通称JR代行券。「一部で」とは、ラッシュ時など広島電鉄も混んでいて収容能力がない場合は、代行輸送を行わない時があるから。

実際、広島駅から後払乗車票を持った乗客で電車がいっぱいだった時は、通常なら八丁堀や紙屋町で下車する人もいて混雑が落ち着くのに、誰も降りずにいつまでも満員というシーンに出くわすこともある。

ちなみに、広島電鉄株式会社 電車旅客営業規則には次のように書かれている。

「第54条 西日本旅客鉄道株式会社（以下「ＪＲ」という。）が運営する路線で広島駅から宮島口駅間が不通のため、当社に代行輸送の依頼があり、当社がそれを認めた場合は、ＪＲの旅客はＪＲ後払乗車票により当社路線に乗車できる。また、ＪＲ乗車券等を所持する旅客は、ＪＲ後払乗車票と同様に取扱う。但し、ＪＲ後払乗車票又はＪＲ乗車券等を所持していない旅客及びＪＲ定期乗車券で乗車する旅客は普通旅客として取扱う。

2 ＪＲ後払乗車票及びＪＲ乗車券等は、降車の際、係員に引渡すものとする。」

コラム

西部警察

昭和54（1979）年10月から5年間、3シリーズにわたって放送された刑事ドラマ『西部警察』。テレビ朝日と石原プロモーションの制作で、石原裕次郎や渡哲也、舘ひろしなどの人気俳優の出演に加えて、毎回、派手なアクションシーンやカースタント、さらには爆破シーンが盛り込まれた超人気番組だった。

この番組の2シリーズ目である『西部警察 PART-Ⅱ』の第18話と第19話は、日本全国横断ロケーションシリーズ第2弾として広島で制作され、広電電車大爆破という伝説を残している。

それが、第18話『広島市街パニック‼』である。

東京で暴力団組長を殺害した上、現金輸送車を襲撃して現金を奪い広島に逃走した暴力団組員が、さらに爆弾魔の男を殺害。その後、広電市内線の電車が運転士と乗客7名を乗せたままジャックされ、犯人グループから広電本社に2時間以内に100万ドルを用意しないと電車を爆破するという脅迫電話が入るストーリー。その広島ロケは、昭和57（1982）年7月3日から11日までの9日間行われている。

ドラマでは、広島市内を走るこの電車と警察車両によるカーチェイスのシーンも登場したが、なんといっても圧巻は、電車の爆破シーンである。爆破される車両は、撮影スタッフにより入念な準備がなされ、客席のシートや窓ガラスは全て取り外されたほか、爆破効果を演出するための細かい作業の後、火薬専門スタッフにより、爆破用ダイナマイトと炎上用のガソリンをセット。問題の爆破のシーンは、警察、消防のほか、関係機関・団体の協力のもと、広島ロケの最終日である7月11日の早朝、宮島線の終点である広電宮島駅（現・広電宮島口駅）構内の留置線で行われたが、隣には国道2号線が走っており、爆破による危険を回避するため、厳重な警備体制がとられた。

犯人にジャックされ、最終的に爆破された電車は、旧大阪市電の766号の広告電車「にしき堂号」であるが、実はこの電車、広島ロケの撮影に先駆け、同じ旧大阪市電の755号と車番を交換しており、番組で爆破された766号は、登録上は755号であった。

つまり、番組内で広告電車「にしき堂号」は爆破されたが、ロケ終了後も同一の装飾の「にしき堂号」が市内線を走っているのである。

もみじ饅頭のにしき堂が全国的に有名になったのは、西部警察とお笑いコンビB&Bのお陰であり、もちろん、このドラマにはB&Bの2人、そしてにしき堂の社長も出演している。

6号線

広島の未来へ果たす役割

開業から100年が経過し、広島電鉄の路面電車は広島市民の生活の足として定着しているのはもちろんだが、2つの世界遺産の効果もあってここ数年、インバウンド客を中心に伸びている観光面においても大きな役割を果たしている。今後、生活の足として、さらには観光面においてどのように変わって、その役割を担っていくのか。興味深いところである。

この章では、そんな広島電鉄の路面電車が広島の交通体系にどのような役割を果たしていくのかを、当会の意見や考えを盛り込みながら未来図を探ってみる。

大変革・駅前大橋線と循環線―その可能性と課題を探る

平成26（2014）年9月2日に、広島市が広島駅南口広場の再整備等について、地元説明会や広島市議会等からの幅広い意見を踏まえ、JR西日本や広島電鉄の同意を得て決定・公表したのが「広島駅南口広場の再整備等に係る基本方針」。

ここ数年で加速的な動きを見せているのがこの計画だ。この基本方針の中で、広島駅南口広場への路面電車の進入ルートについては、駅ビル敷地を活用し、路面電車を高架とする駅前大橋ルートとされており、加えて、段原一丁目、的場町、八丁堀、紙屋町東、市役所前、皆実町六丁目を通る市内中心部の循環ルートを導入することとしている。

基本方針によると目的は、〃広島駅南口広場は、広場内の各交通施設の必要な規模が確保できないため、現在、バスの降車場がなく、降車場が駅と離れ、ＪＲとの乗り継ぎが不便であるとともに、路面電車の乗降場の処理能力が十分でなく、ラッシュ時には南口広場に進入できない車両が行列待ちになっている。さらに、南口広場内には待合場所や憩いの場といった賑わい・交流空間が少ないなど、中四国最大のターミナルとしての交通結節機能が十分でない状況にある。また、路面電車の南口広場への進入ルートが迂回しているため、広島駅と紙屋町・八丁堀エリア間の所要時間が長く、路面電車の定時性や速達性の確保が課題となっている。こうした課題に対応し、利用者の利便性向上の観点に立った公共交通ネットワークの形成を図るとともに、広島駅周辺地区で進展する市街地再開発事業等と一体的なまちづくりを推進するため、路面電車の進入ルートを高架とする駅前大橋ルートによる南口広場の再整備について取り組むものである〃と、されている。

完成予定は、平成30年代半ば。広島市が西日本旅客鉄道や広島電鉄と連携して、早期整備に向けて取り組む、と明記されている。

また、平成30（２０１８）年１月に愛媛県松山市で開催された「ＬＲＴ都市サミット松山2017」では、いよいよ2年後に着手するとの見通しを、サミットに参加した広島市副市長が説明している。さらに、駅前大橋線の整備とともに、現行の広島駅―的場町間は廃止されるものの、皆実線的場町から本線的場両方面への亘り線が新設され、新たに循環線が計画されている。また、皆実線と駅前大橋線への短絡路線として、段原一丁目と比治山下の間にある比治山町交差点から松川町に抜け、駅前通りを進み稲荷町交差点へ出るルートも整備される予定。あわせて、稲荷町―広島駅間は架線レスでの整備が検討されていることも報道されている。

今後の注目点としては、稲荷町交差点は広島駅から八丁堀方面のバス路線も多く、交通量も多い交差点。そこに南北・東西のダイヤモンドクロスと呼ばれる線路の交差に加え、広島駅と八丁堀方面を結ぶ本線のルートも作られることとなる。稲荷町交差点の処理をどのように行うのかが課題として挙げられる。また、新しい広島駅電停は号線を固定した4線8面（乗車4面・降車4面）の構成になる予定で、1号線・2号線・5号線・6号線の4つの号線が発着する高密度運用を、頭端式ホームでどのように処理するのかも注目点。現況を見ても、交通信号や他号線の影響を受ける路面電車は、ダンゴ運転や同一系統の連続運転状態での到着を避けることができない。停車中の電車が出発するまでは同じ号線が

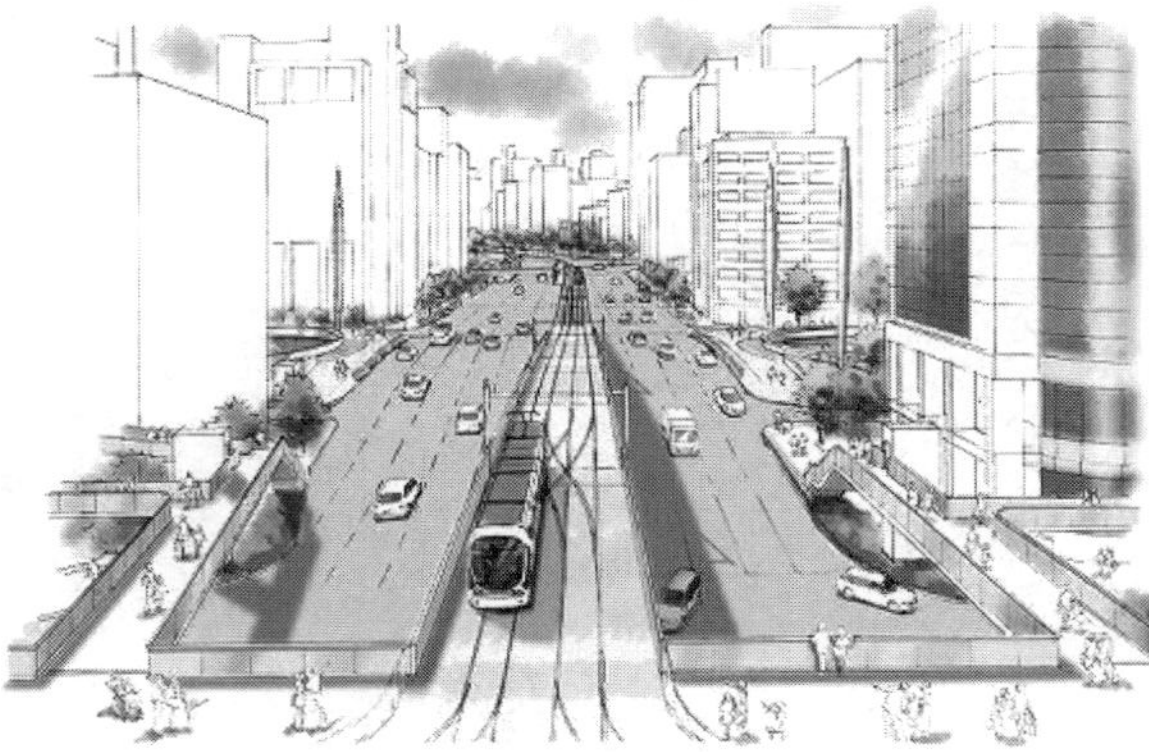
広島駅から稲荷町方面を捉えたイメージ図（提供：広島市）

入線できない信号待ち状態は、同じ頭端式の宮島口駅や広島港電停でよく目にする光景。しかし、駅前大橋線は広島駅と都心部との交通の時間短縮が最大の売りなので、発着処理のための信号待ちはせっかくの効果を相殺することにもなりかねない。また、駅前大橋線には松山からの需要をスーパージェットを介して広島駅へ新幹線へと引き込む効果も期待されている。

この稲荷町交差点の処理と、新しい広島駅電停の運用。2つの課題をクリアすることが駅前大橋線の命運を握っていると考えられる。

また、駅前大橋の上を高架で結ぶためには、稲荷町交差点からの勾配がどの程度になるか気になるところだが、既にこちらについては、過去に江波車庫内に人工勾配線を設けて登坂能力の検証実験が行われたと聞いており、その結果を踏まえての設計が行われるものと思われる。

都心循環線は紙屋町―皆実町六丁目―的場町―紙屋町東と、広島の中心部を循環する路線。

ちなみに当会では、循環線を「段原ルート」として提案。このルートは道幅も広く、学校・病院・商業施設があり需要は見込める。なにより「平成16年度国土施策創発調査」として、国土交通省中国運輸局によりまとめられた「路面電車のLRT化を中心とした公共交通体系の再構築の検討調査報告書」にも段原＋宇品東線として効果が検証されていることも、重要であると考えている。

さらに、新しい広島駅電停への集中を避けるために、循環線ルートに現行の6号線・7号線・8号線を組み込んだ8の字ルートも検討し、駅前大橋線への6号線の入線を回避するべきではと考えている。

・提案する循環線8の字ルート

江波―紙屋町―的場町―皆実町六丁目―紙屋町―横川―江波と巡回する路線

江波―横川―紙屋町―皆実町六丁目―的場町―紙屋町―江波と巡回する路線駅前大橋線と循環線で広島は大きく変わるだろう。それは、公共交通が街の姿を変えるということ。これから路面電車の動きには目が離せないのである。

平和大通り線構想は消えていない―議論の再浮上に期待

原爆ドーム前から市内線に乗車して宮島へ向かう観光客は、土橋電停を発車して直進すると思った電車が、狭い路地に向かって右折する時や小網町の平面電停に驚くことがよくある。小網町から観音町《かんおんまち》までの区間は道が狭いため、十分な幅の電停や上屋を設置することができず、安全柵の設置もできないため車道を走る車を気にしながら電車を待つことになっている。道幅が狭いため路面電車の速度も時速30㎞までに制限されている上、前後の交差点で右左折を繰り返すことによる信号待ちも重なって、都心部への速達性向上のため路線の付け替えが検討されている。

太田川放水路が作られるまでは、己斐から土橋までは一直線で、鉄道線のような専用軌道であった。当時を知る方は、軌道移設と1カ所のクランクによって「電車は遅くなった」と話される。

平成9（1997）年に広島電鉄が発表した「平和大通り線」計画。その名の通り平和大通りを進み、白神社前交差点と西観音町を一直線に結ぶこの案。「路面電車のLRT化を中心とした公共交通体系の再構築の検討調査報告書」（P208記載）では、平和大通り線の効果が高く評価されており、広島市が策定した「新たな公共交通体系づくりの基本計画」には短縮型の、西観音町から江波線まで接続する「江波線接続案」が盛り込まれている。また派生案としては田中町を経由して駅前大橋線と接続する案も考えられる。被爆100年となる2045年に向けて平和大通りのリニューアル構想もあり、路面電車にとって駅前大橋線の次に控える重要な議題となるのは間違いないと思われる。

この平和大通り線については、当会にとっては忘れられないエピソードがある。それは、平成10（1998）年1月16日に当会が開催した「広島市東西線と広電平和大通り線、市民シンポジウム」だ。

当時は、駅前大橋線よりも平和大通り線の行方に注目が集まり、新聞記者や地元放送局のテレビカメラも入る中、アストラムライン延伸（高架延伸と地下延伸の2案）の広島市案と路面電車を使った広島電鉄案について、質疑応答形式で行われた。このシンポジウムは立ち見が出るほどの来場者があり、白熱した議論が展開された。また、その後の報道が拍車をかけたことで大きな反響を呼び、市民の関心の高さを改めて感じさせられた。

バスと路面電車の同一ホーム構想

平成30（２０１８）年3月、広島電鉄の広電本社前電停がリニューアルした。従来の路面電車の電停の常識をくつがえすほどの、大きくて立派な電停になっている。空調を完備した待合所も設置。一般的に、電車とバスの乗り換えなどの場所を交通結節点というが、「歩かせない　濡らせない　待たせない」がその3原則。

平成29（２０１７）年10月27日の中国新聞の記事によると、「将来は路線バスを線路上に乗り入れ、同じホームで乗り降りできる国内初の仕組みを検討する」とある。これは、ホームの左右に電車とバスの乗り場を設けての結節ではなく、路面電車の軌道敷内にバスが乗り入れて、降りた電車が出発したらそこにバスが入ってきて歩くことなく乗り換えできるという計画。バスと電車が同じところを走るのは、危ないと思われるかもしれないが、海外では普通に行われている。また、国内でもすでに実験的に行われたことがあると聞く。既成概念にとらわれることなく、広島で本格的な路面電車とバスの同一ホーム運用が計画されることは、広島だけでなく日本の公共交通の発展に大きく寄与することだと考える。

ドイツ・オーバーハウンゼンのバスと路面電車の同一ホームの様子

今後、実現するとき、どのような路線との組み合わせが実現するのか、今から予想するのも楽しみだ。

信用乗車―成否のカギは利用者が握る

平成30（2018）年5月10日、広島電鉄は市内線で運行する1000形超低床電車限定で、ICカード全扉降車サービスをスタート。これは、平成24（2012）年2月15日から3月31日まで実施された全扉降車「試験」ではなく、本格実施である。

前回の平成24年試験では、1号線で3703号、2号線で3906号が試験車両に指定されて2編成で試験が行われたが、今回の本格実施にあたっては、1000形すべての車両が対象となり、14編成が2号線以外の全路線で全扉降車を実施している。

初めてワンマン電車が運行された時、最も心配されたのは、出口が1カ所になることで出口が混んで電車が遅くなること。そして、その心配の通り表定速度は低下している。特に1000形は3両目から出口への移動が混雑時は容易ではなく、それを恐れた乗客は入口より前側に偏り、さらに出口への移動が困難になるという悪循環に。5月に始まった1000形限定の全扉降車を利用できるのはICカード利用者に限定され、ICカードでも複数人利用や割引などを受けるために乗務員による操作が必要な場合は除外される限定運用にとどまっている。しかし、実質的にはICカードの普通の利用が該当するので、多くの乗客が全扉降車サービスの恩恵を受けることができている。ICカードは、基本一人1枚持つ方が便利。

また、全扉降車サービスの恩恵を受けるのはICカード利用者だけではない。降車口が倍に増え、乗降時間が短縮されることは電車の安定的な運行に直結している。電車に乗る人も、電停で待つ人も、電車の運行を管理する人も、そして交通信号を気にしながら降車扱いを行う運転士も。運行に余裕が生まれることで安全性がさらに高まり、路面電車がより信頼性の高い乗り物に進化するのだ。

利用者目線で信用乗車について考え、「LRT都市サミット松山2017」で当会が配布したレポート

路面電車のガラパゴスだった日本の乗降システムが、ついに世界標準へと歩み始めた、といってもいい今回の「全扉降車」。現在のところは、１０００形限定だが、今後のサービス拡大やＩＣカードシステムの進化により、全路線全車両で全扉降車ができるようになる日も近いと思われる。

当会は、平成30（２０１８）年１月に愛媛県松山市で開催された先述の路面電車サミットで、「利用者目線で信用乗車を考える」と題したレポートを配布した。信用乗車によって移動がどれだけ楽になるか、利用者目線で分かりやすくマンガで表現。我々が望む信用乗車と、今回始まった全扉降車サービスにはまだ隔たりがあるが、間違いなく路面電車はさらに便利な乗り物に進化している。万が一、不正乗車が増加して全扉降車サービスが中止になるようなことがあれば、それは汚点とも言える。一方で、不慣れな乗客が意図せずに無賃降車する可能性も十分あるので、事業者側も様々な現象をしっかりと検証し、広報も幅広く行って、健全な仕組みに作り上げていかなければならない。

広島電鉄は、交通事業者としての責任と、日本の公共交通の新しい可能性のために全扉降車サービスを選択したので、今度は利用者である我々が正しく利用し、進化を体感する番なのかもしれない。

進行している宮島口再整備と近づく広電宮島口駅移設

宮島線の終点である広電宮島口は、いうまでもなく世界遺産宮島への玄関口。全国に多々ある参詣鉄道の一つともいえる。宮島を訪れる観光客は平成19（2007）年頃から年々増加。NHK大河ドラマ『毛利元就』が放映された平成9（1997）年以来となる観光客300万人超え。さらにNHK大河ドラマ『平清盛』が放映された平成24（2012）年に400万人を超え、平成29（2017）年には450万人を超えている。

こうした増加する観光客に対して、受け入れる側の宮島口の整備は遅れているのは否めない。現在、慢性的な駐車場不足により、駐車待ちの車列が国道2号線まで繋がって通過交通を遮断して渋滞が発生。その駐車場へ向かうルートのひとつに広島電鉄の踏切があり、電車の発着のたびにクルマの流れが止められている。これらの問題を打開するため、まずは平成25（２０１３）年に広島県の事業として厳島港宮島口地区港湾整備事業がスタート。埋め立てにより桟橋を沖合に移転し、ＪＲ西日本宮島フェリーと宮島松大汽船が共同使用するフェリーターミナルの建設。そして、広電宮島口駅の沖合移設により踏切の解消が骨子として策定されている。

こうした中、平成27（２０１５）年には、宮島口まちづくり国際コンペが開催された。海外からの15作品を含む２３０作品の応募の中から優秀賞3作品が選ばれ、そのコンペ結果をもとに廿日市市は平成28（２０１６）年に「宮島口地区まちづくりグランドデザイン」を策定。整備展開は短期（立ち上げ）・中期（成長期）・長期（マネジメント）と進められ、長期計画が完了するのは２０３６年と、かなりの年月がかかるが、その中で広電宮島口の駅舎移転は中期計画の中に盛り込まれている。

宮島は嚴島神社を筆頭とする多くの名所旧跡のほか、表参道商店街の世代交代や古民家を改修したカフェなどで新しい魅力を発信する中、宮島口は完全な通過地点となってい

広島県が進めている厳島港港湾整備事業「厳島港（宮島口）」の完成後のイメージ（提供：広島県西部建設事務所廿日市支所）

る。宮島観光客のほぼ全員といってもいい人が立ち寄る宮島口。過疎地では活性化しようと少しでも人を呼ぶ努力をしている中、宮島口には約４００万人が訪れるというのに何もしないのではもったいない。宮島を訪れた観光客が少しでも宮島口に滞在して楽しんでもらえる何かが必要であると考えている。

日本一の路面電車博物館を広島に―路面電車を考える会からの提案

広島電鉄の路面電車は、移籍してきた他都市の車両をそのままの塗装で走らせており、昔から「動く電車の博物館」と呼ばれてきた。しかし、昨今では、車歴の長い車両は超低床電車の導入の際、押し出されるように廃車となり（車両の近代化補助を受けるため旧車の廃車が条件に組み込まれることが多い）、今後予定されている駅前通り線での架線レス化がもし実現したならば、旧型車の活躍の場はますます少なくなると思われる。

すでに広島電鉄の車庫には休車となった車両がいくつか眠っており、平成30（2018）年3月の広島商工会議所所報で、広島電鉄の椋田社長が「電車の公園」について語っていることから、将来、路面電車博物館のようなものの建設構想があるのかもしれない。

しかし、まだ具体的な路面電車博物館の話が出ているわけではないので、当会としての「路面電車博物館案」を提案したいと思う。候補地は、中区紙屋町の旧広島市民球場跡地付近。跡地の一角、広島市こども文化科学館に近い辺りに、電車を静態保存展示し、展示車両は被爆電車である156号・654号のほか、2004-5号・3501号など。他に動態保存電車（つまり動かせる電車）を球場跡地の外周に引いたレールで周回運転。周回線路の一部を本線と接続し、車両の入れ替えやメンテナンスを千田車庫で行う。周回線路の内側では、現在の跡地活用と同様のグルメイベントなどを開催可能とする。

学習スペースや模型ジオラマは、こども文化科学館と連携することで両施設を総合的に活用し親子で楽しめる場所に。付近は原爆ドームのバッファーゾーンであるが、路面電車は被爆後数日で運行再開にこぎつけ、打ちひしがれた市民に勇気を与えたという過去もあり、被爆車両の保存場所としても最適なのではないだろうか。周回運転する一部に被爆時の様子や復興する昭和期の広島を再現して、平和学習と郷土の歴史への理解を深める場にすることもできる。路面電車博物館はそのような歴史も含め、過去のことから未来の都市内公共交通のあり方などを学習し体感できる場になればと思う。

おわりに

広島電鉄は日本の路面電車の先頭に立って、近代化や各種施策に取り組み、未来へ向けての歩みを着実に進めています。路面電車を考える会は、主に路面電車を活用した賑やかしや情報発信（時には辛口になることもある）を行っています。本書では、広島の路面電車のことを、専門書とは違った切り口でご紹介しました。なぜ広島の路面電車が市民に愛されるのか、理由を知る一助になればと、願っています。しかしながら、最も大切なことを本文に書いておりませんので、このあとがきに加えさせていただきます。

それは広島電鉄の地域公共交通に対する思いが表れた、障がい者や幼児同伴時の割引制度です。詳しい等級による設定は広島電鉄のホームページで確認していただくとして、一般的な障がい者割引制度では障がい者一人につき本人5割引、介護者一人が5割引となるところを、広島電鉄では本人5割引、そして介護者二人が無賃です。また、幼児同伴の場合にも一般的な制度では、保護者一人につき幼児一人が無賃なのですが、広島電鉄では保護者一人につき幼児三人までが無賃です。これは、広島電鉄でも電車だけの割引制度です。公共交通の柱ともいえる運賃収入を削ってでも移動のハードルを下げ、人々を街に導く…。いま日本では、採算性だけで判断するのではなく、地域の生活の足である公共交通を、赤字であっても必要であれば残そう支えようという考え方への転換が、始まろうとしています。広島電鉄のこの割引制度は、利益よりも利便性を追求することが、公共交通の使命であると示しています。だからこそ、市民は親しみを込めて「ひろでん」と呼ぶと言っても過言はありません。

ついに、栃木県宇都宮市で「宇都宮ライトレール」による路面電車新設工事がスタートし、岡山では吉備線のＬＲＴ化が決まるなど、いま、日本のあちらこちらで路面電車をめぐる新しい動きが出てきています。

我々は、路面電車の可能性を信じ、その魅力を知ってもらうために活動していますが、会の発足以来、その時を待たず、たくさんの先達が星になりました。日本路面電車同好会関西支部の能勢恭司さんには「広島はコンビーノだね　とてもいいと思うよ」と言っていただきました。当会の先輩二文字勝美さん、あなたの思いは伝わっています。広島電鉄の大田哲哉元社長、路面電車の理想を理解しておられました。そして、山根政則さん。ホームページ路面電車とＬＲＴを考える館は、貴重な資料の宝庫、まさにアーカイブです。この本でも、たくさん助けていただきました。山根さんの遺されたものを失いたくなくて、ご家族のご同意を受けてホームページの移設保存を行いましたが、正解でした。

これからも、目覚める時を待っていた路面電車の幼生が、全国各地で雨後の筍のように伸びてくることでしょう。その時には、ぜひ広島に来てください。そして、活気あふれる路面電車の実力を、広島電鉄の底力を感じてください。知ってください。その際、本書が少しでもお役に立つことがあれば、これ以上の喜びはありません。

主な参考文献

『広島電鉄開業100年・創立70年史』『広島の路面電車65年』
『輪苑』（広島電鉄）
『鈴峯学園五十年史』（鈴峯学園）
『レトロバス復元物語』（レトロバス復元の会）
『鉄道百年略史』（鉄道図書刊行会）
『新日本鉄道史』川上幸義（鉄道図書刊行会）
『原爆被爆前後　広島市内電車運転の推移』長船友則（あき書房）
『広電が走る街 今昔』長船友則（JTBパブリッシング）
『可部線　波乱の軌跡』『宇品線92年の軌跡』長船友則
（ネコ・パブリッシング）
『私鉄の車両３　広島電鉄』飯島巌・青野邦明・荒川好夫
（保育社）
『茨城交通水浜線』中川浩一（ネコ・パブリッシング）
『茨城交通・水浜線』中川浩一（鉄道ピクトリアル 通刊165）
『茨城交通・湊・茨城線』白土貞夫（鉄道ピクトリアル 通刊173）
『〈特集〉広島電鉄』（鉄道ピクトリアル 通刊535）
『広島の路面電車１００年』『大正時代の広島』（広島市郷土資料館）
『いこま50 広島電鉄』（大阪産業大学　文化会鉄道研究部）
『己斐公民館30周年記念誌』（己斐公民館運営委員会）
『水産試験支場開設記念・草津案内』復刻版（草津町役場）
『西部警察 SUPER LOCATION 2 日本縦断ロケ 広島編』（青志社）
『カープファンは日本一』井川樹（南々社）
『V1記念　広島東洋カープ球団史』（広島東洋カープ）
『広島カープ物語』（トーク出版）
『中国新聞』『日本経済新聞』

写真提供・協力

広島市、広島市公文書館、広島平和記念資料館、広島県西部建設事務所廿日市支所 厳島港整備課、広島電鉄株式会社、株式会社菁文社、来得研治、金行英爾、佐久間進、谷口行雄、高松吉太郎

路面電車を考える会（ろめんでんしゃをかんがえるかい）
平成5年に「車社会に行きづまった都市の再生を図るため、無公害の路面電車の活用を考え、交通体系全般の見直しを図る活動をしたい」との理念のもと広島で発足。現在は、会社員、広電OB、大学教授まで広島と路面電車を愛する幅広いメンバー約20名で構成されている。
https://facebook.com/ThinkTramHiroshima

交通新聞社新書125
広電と広島
25車種298両、日本一の路面電車
（定価はカバーに表示してあります）

2018年8月20日　第1刷発行

著　者――路面電車を考える会
発行人――横山裕司
発行所――株式会社　交通新聞社
http://www.kotsu.co.jp/
〒101-0062　東京都千代田区神田駿河台2-3-11
NBF御茶ノ水ビル
電話　東京（03）6831-6560（編集部）
東京（03）6831-6622（販売部）

印刷・製本―大日本印刷株式会社

ISBN978-4-330-88718-0